Super M
Mathematik für alle

1

Herausgegeben von
Ursula Manten
Reinhard Forthaus

Erarbeitet von
Ulrike Braun
Reinhard Forthaus
Ursula Manten
Ariane Ranft
Gabi Viseneber
Mirjam Walde

Illustrationen von
Martina Leykamm
Dorothee Mahnkopf

Cornelsen

Inhaltsverzeichnis

			Arbeitsheft	Förderheft Einstiege	Förderheft Aufstiege
Am Anfang – Lernvoraussetzungen	In der Schule	4	13	2	2
	Die Zahlen von 1 bis 10	6	14	3	3
	1, 2, 3, 4, 5 / 6, 7, 8, 9, 10	8	15/16	3	3
	An der Straße – nach links, nach rechts	10	17	4	4
Die Zahlen bis 10	Anzahlen	12	18	5	5
	Anzahlen erzeugen, darstellen und notieren	14	19	6	6
	Zahlen zerlegen – Zahlenhäuser	16	20	7	7
	Zahlen zerlegen – die Zahlen 7, 8, 9	18	21	8	8
	Zahlen zerlegen – die Zahl 10	20	22	9	9
	Die Zahlen bis 10	22	23	10	10
	Vergleichen	24	24	11	11
	Das kann ich schon!	26		12	12
Addition Teil 1	Addieren	28	25	13	13
	Addieren am Zehnerfeld	30	26	14	14
	Addieren mit Super-Päckchen üben	32	27	15	15
	Bildaufgaben	34	28	16	16
Zahlenraum bis 20	Die Zahlen bis 20	36	29/30	17	17
	Der Zahlenraum bis 20	38	31	18	18
Addition Teil 2	Addieren im Zahlenraum von 10 bis 20	40	32	19	19
	Tauschaufgaben/Ergänzen	42	33	20	20
	Das kann ich schon!	44		21	21
Subtraktion Teil 1 und 2	Subtrahieren	46	34	22	22
	Subtrahieren am Zehnerfeld	48	35	23	23
	Bildaufgaben	50	36	24	24
	Subtrahieren im Zahlenraum von 10 bis 20	52	37	25	25
	Umkehraufgaben / Plus und minus	54	38	26	26
	Das kann ich schon!	56		27	27
Größen Teil 1 – Geld	Unser Geld – Cent und Euro	58	39	28	28
	Kinderflohmarkt	60	40	29	29
Geometrie Teil 1 – Ebene Figuren	Geometrische Grundformen / Mit Formen malen und basteln	62	41	30	30
	Mit Formen legen	64	42	31	31
Eigenschaften von Zahlen	Ordnungszahlen/Knobelaufgaben	66	43	32	32
	Verdoppeln/Halbieren	68	44	33	33
	Gerade und ungerade Zahlen	70	45	34	34

			Arbeitsheft	Förderheft Einstiege	Förderheft Aufstiege
Addition und Subtraktion Teil 3	Rechenkonferenz – Addieren	72	46	35	35
	Addieren auf verschiedenen Wegen	74	47	36	36
	Übungen zum Addieren mit Zehnerübergang	76	48	37	37
	Das kann ich schon!	78		38	38
	Rechenkonferenz – Subtrahieren	80	49	39	39
	Subtrahieren auf verschiedenen Wegen	82	50	40	40
	Übungen zum Subtrahieren mit Zehnerübergang	84	51	41	41
	Addieren und Subtrahieren üben	86	52	42	42
	Überall Tabellen / In Tabellen rechnen	88	53	43	43
	Im Schwimmbad	90	54	44	44
	Das kann ich schon!	92		45	45
Geometrie Teil 2 – Körper	Geometrische Grundformen – Körper	94	55	46	46
	Würfelbauten	96	56	47	47
Addition und Subtraktion Teil 4	Zahlenband und Zahlenfolgen	98	57	48	48
	Zahlenmauern	100	58	49	49
	Sachrechnen	102	59	50	50
	Vergleichen	104	60	51	51
	Das kann ich schon!	106		52	52
Geometrie Teil 3 – Symmetrie	Falten	108	61	53	53
	Falten – Symmetrie	110	62	54	54
	Muster legen und weiterlegen	112	63	55	55
Wiederholung	Rechnen kreuz und quer	114	64	56	56
	Das kleine Einspluseins	116	65/66	57	57
	Sachrechnen	118	67/68	58	58
	Daten sammeln und darstellen	120	69	59	59
	Das kann ich schon!	122		60	60
Größen Teil 2 – Zeit	Uhrzeiten	124	70	61	61
	24 Stunden – 1 Tag	126	71	62	62
Zahlenraum bis 100	Schätzen, zählen, notieren / Wie viele?	128	72	63	63
	Hunderterfeld	130	73		
	Rechnen mit Cent / Beim Bäcker	132	74	64	64
Rechenspiele	Rechenspiele und Knobeleien	134	75		

 Hier gibt es etwas zu entdecken!

 Kopfrechentrainer

 Super M-Aufgabe

③ wiedergeben, ausführen, ausrechnen

③ überlegen, mitdenken, fortsetzen

③ eigene Denkwege entwickeln, nutzen und begründen

In der Schule

Zählanlässe in der Klasse und im Alltag wahrnehmen, Anzahlen bestimmen.
Abgebildete Plättchen, Becher, Ordner, Scheren … zählen.
Zahlenkärtchen anschauen. Lernen, dass die Zahlen die Anzahl der Punkte angeben.

Eigene Seiten mit Ziffern gestalten.
E▶2 AH▶13 A▶2

Die Zahlen von 1 bis 10

6 Anzahlen zu den Bildern bestimmen, Bild jeweils mit dem entsprechenden Zahlenkärtchen verbinden.
Zu jedem Zahlenkärtchen gehören zwei Bilder.

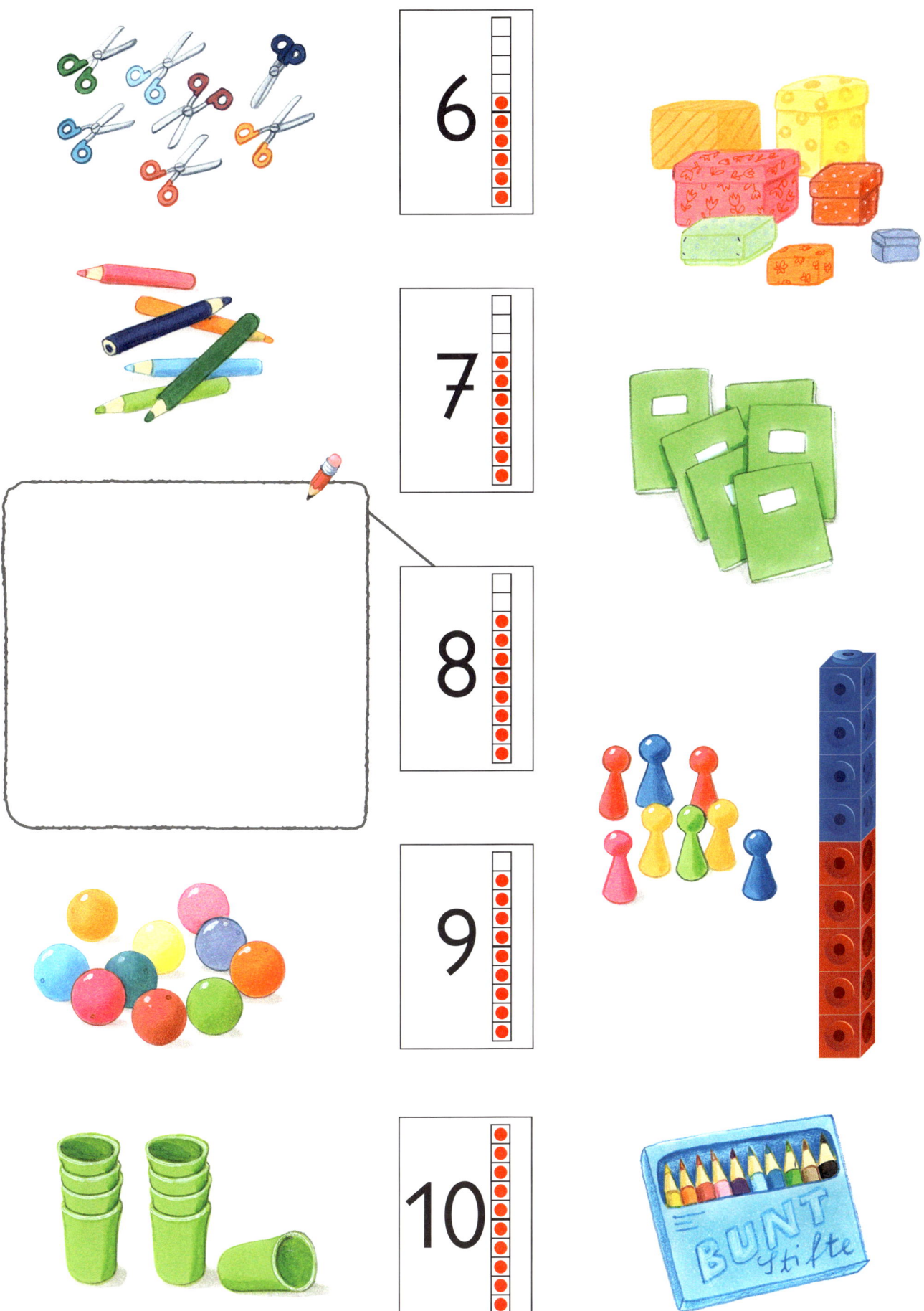

Anzahlbild zur Zahl 8 malen; Anzahlbilder aus Zeitschriften oder anderen Materialien entnehmen und damit ein Plakat oder eine Portfolioseite gestalten.

1, 2, 3, 4, 5

So viele Punkte in das Zehnerfeld malen, wie Gegenstände abgebildet sind und es die Zahl auf dem Kärtchen angibt. Steckwürfelstangen nachbauen, über den Farbwechsel nach 5 sprechen. Ziffern 1 bis 5 schreiben (s. AH).

An der Straße

nach links

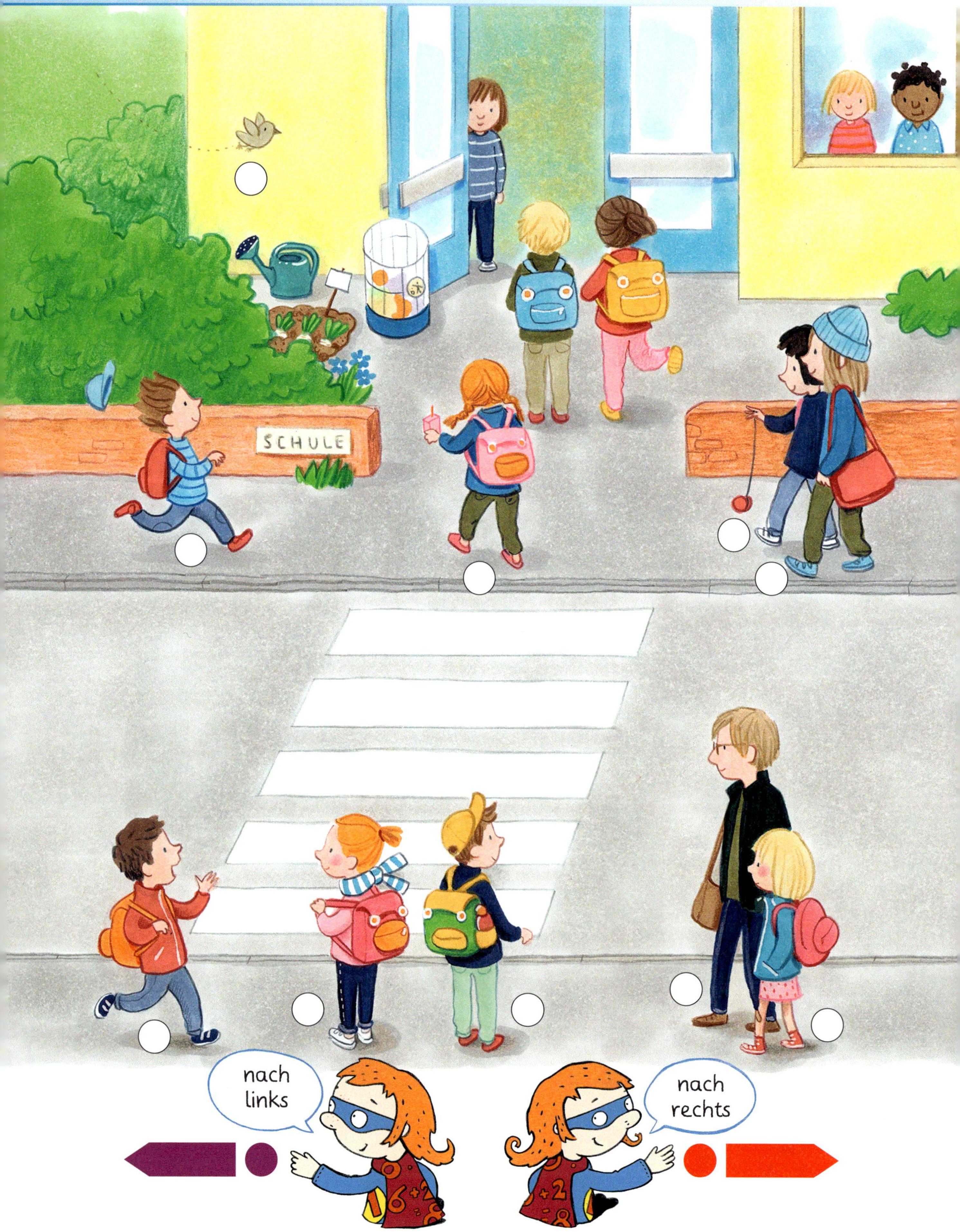

nach links

nach rechts

nach rechts

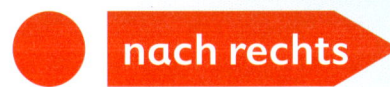

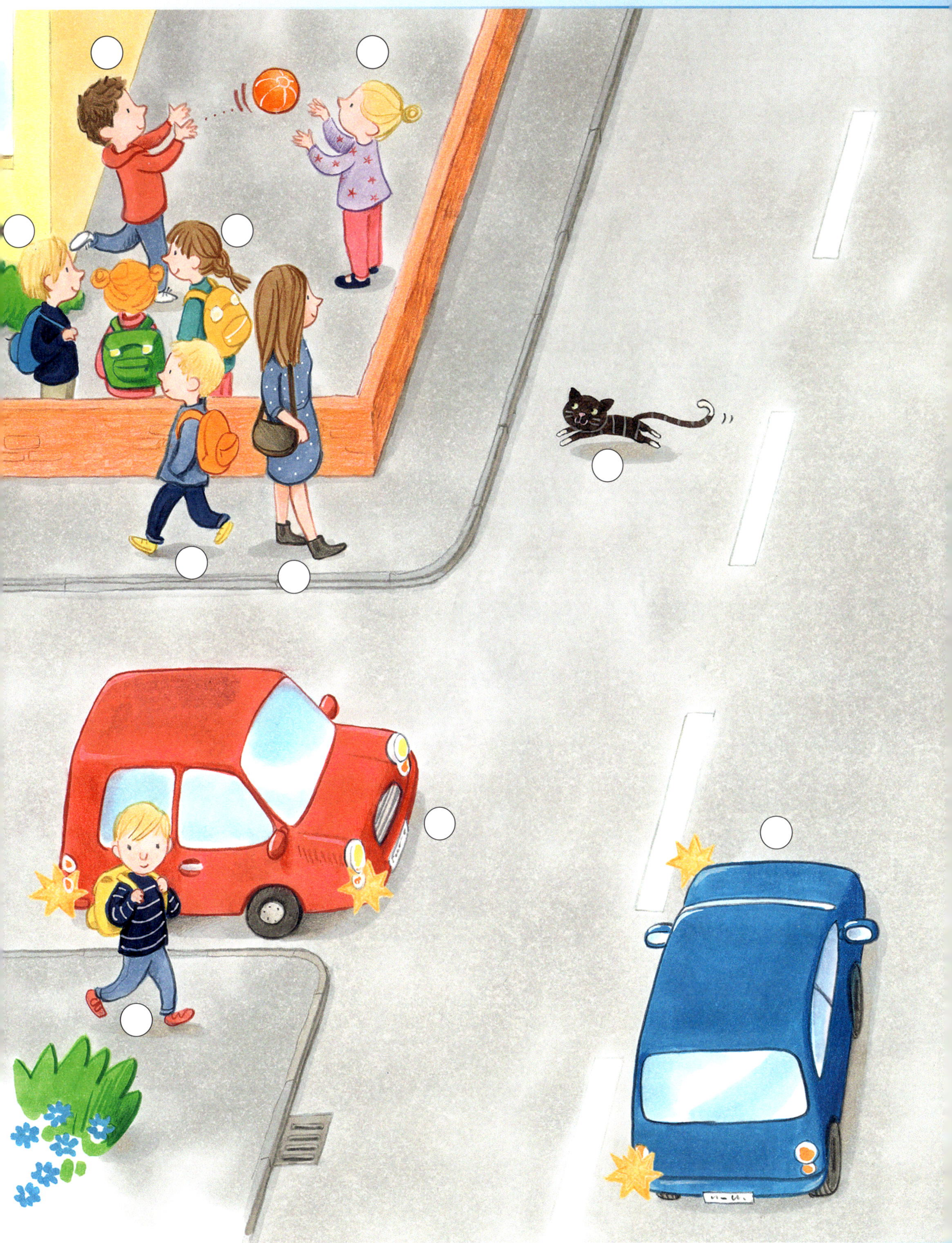

Fü: Sachunterricht / Verkehrserziehung
E▸4 AH▸17 A▸4

Anzahlen

1 Wie viele? Verbinde.

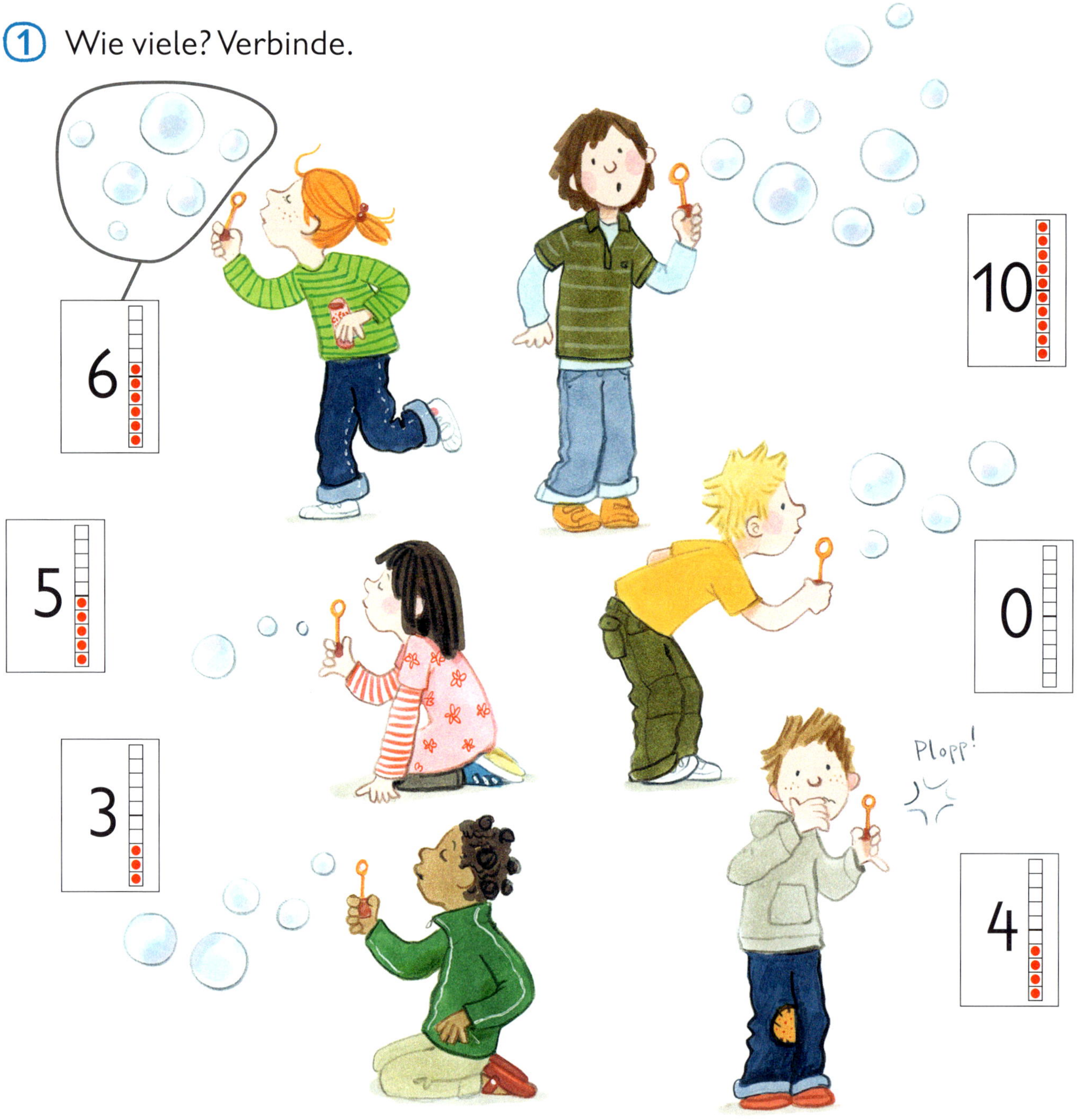

2 Wie viele?

| 4 | ⑤ | 6 | | 4 | 5 | 6 | | 0 | 1 | 2 | | 0 | 1 | 2 |

③ Wie viele?

| 3 | 4 | 5 | | 4 | 5 | 6 | | 5 | 6 | 7 | | 0 | 1 | 2 |
| 2 | 3 | 4 | | 1 | 2 | 3 | | 0 | 1 | 2 | | 3 | 4 | 5 |

④ Male.

⑤ Male deine Aufgabe.

⑥

Anzahlen erzeugen, darstellen und notieren

① 6 Plättchen werfen. Schreibe und male.

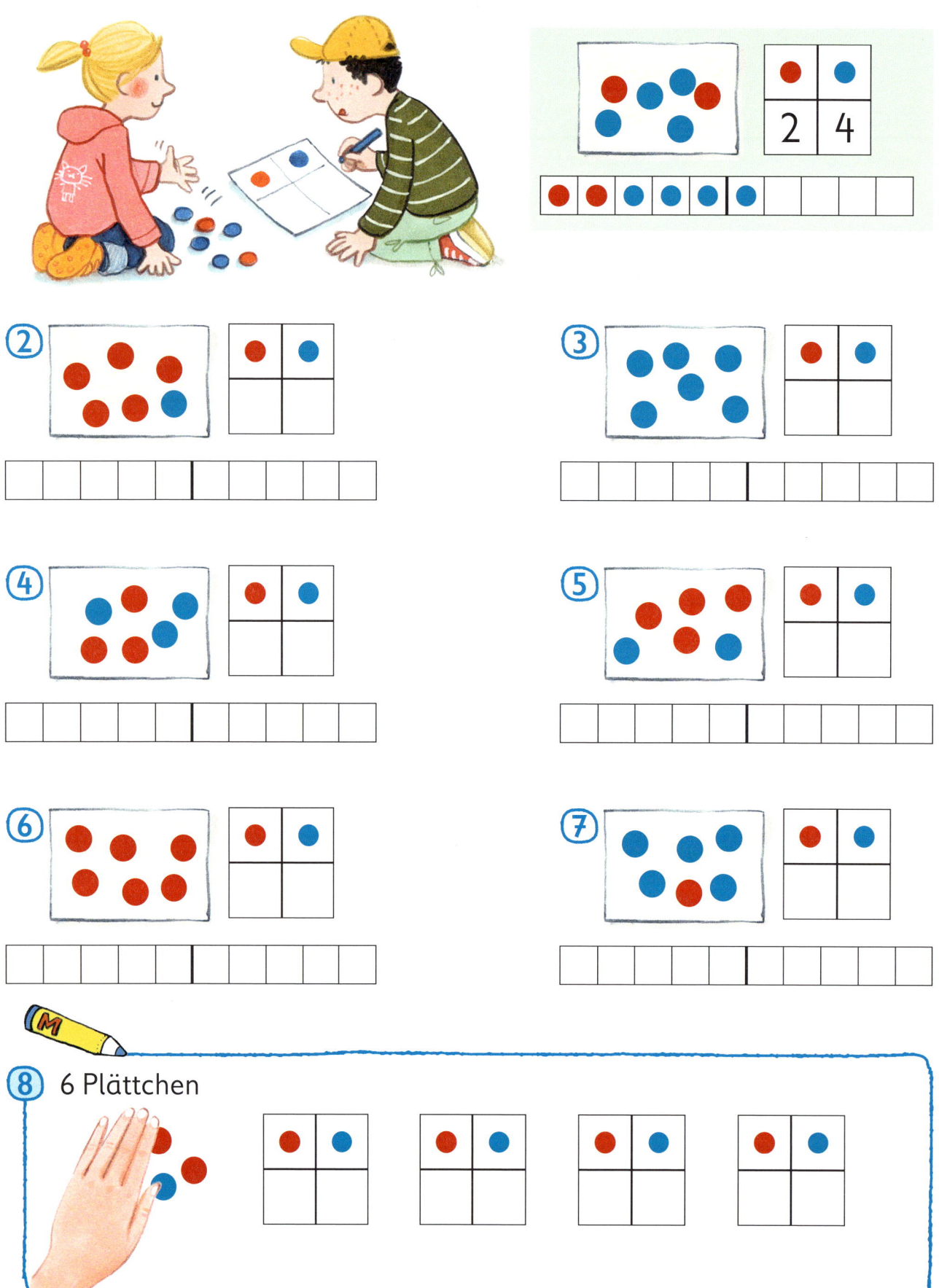

14

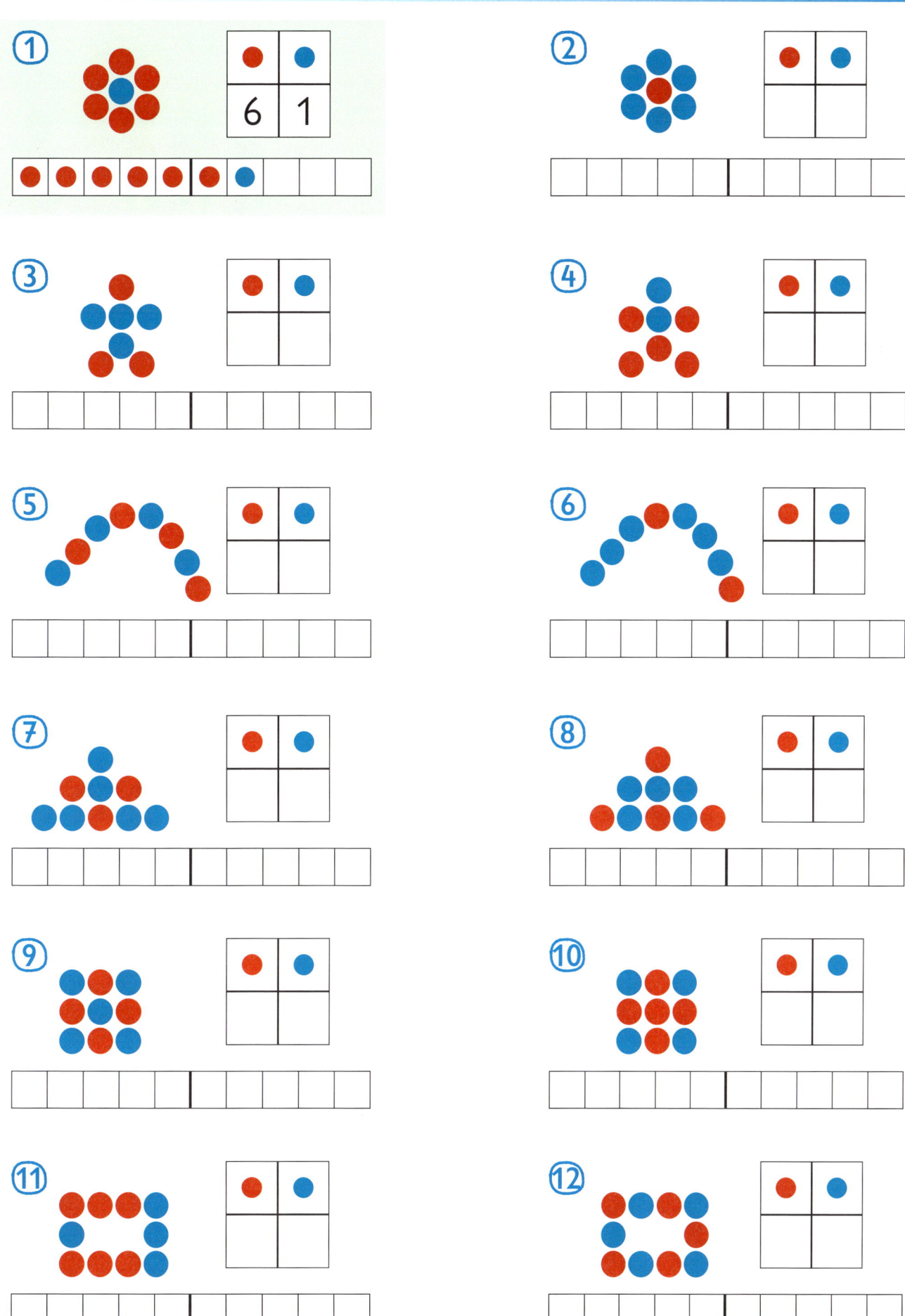

„Schöne Muster" mit Plättchen legen, in Minitabelle und Zehnerfeld notieren.

Zahlen zerlegen – Zahlenhäuser

① Immer 5

② Immer 5

1 Wie viele Kinder stehen, wie viele Kinder sitzen? Sitzende Kinder: blauer Punkt, stehende Kinder: roter Punkt. Anzahl der stehenden und Anzahl der sitzenden Kinder in der Minitabelle notieren. Das Zahlenhaus geordnet vervollständigen, fehlende Verbindungslinien zeichnen. 2 Alle Zerlegungen der 5 in Minizahlenhäusern notieren.

3 Immer 6

6	
6	0
5	1

4

6	
5	1
6	
	4
	3
4	
	5
	6

5

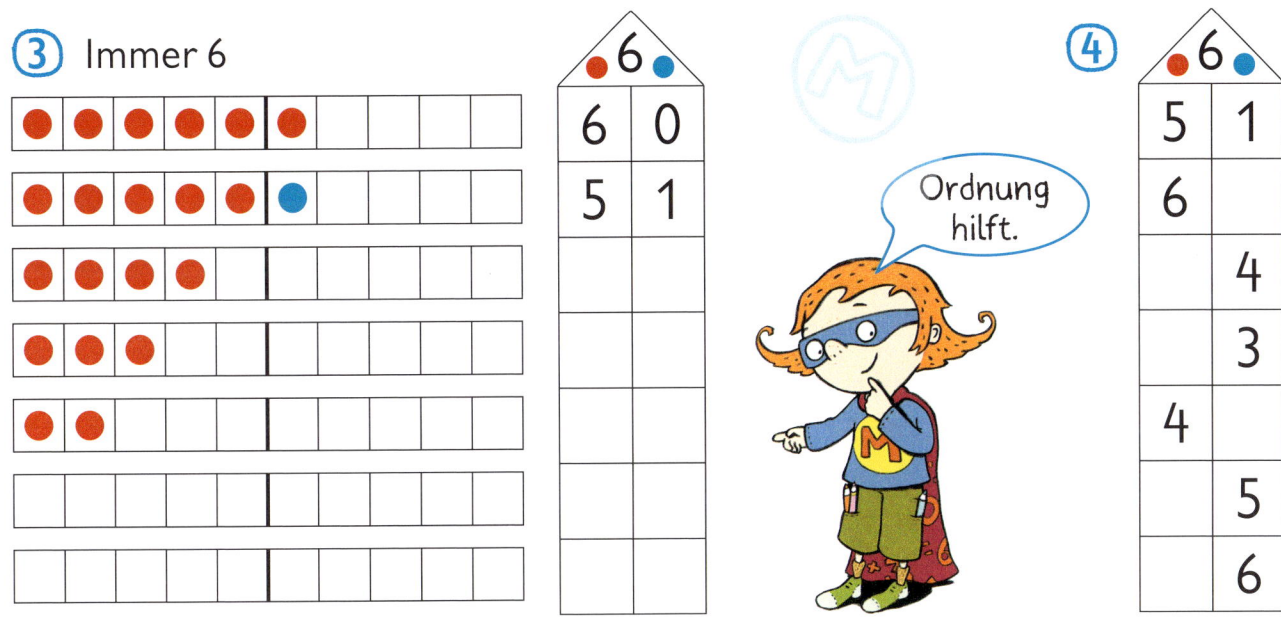

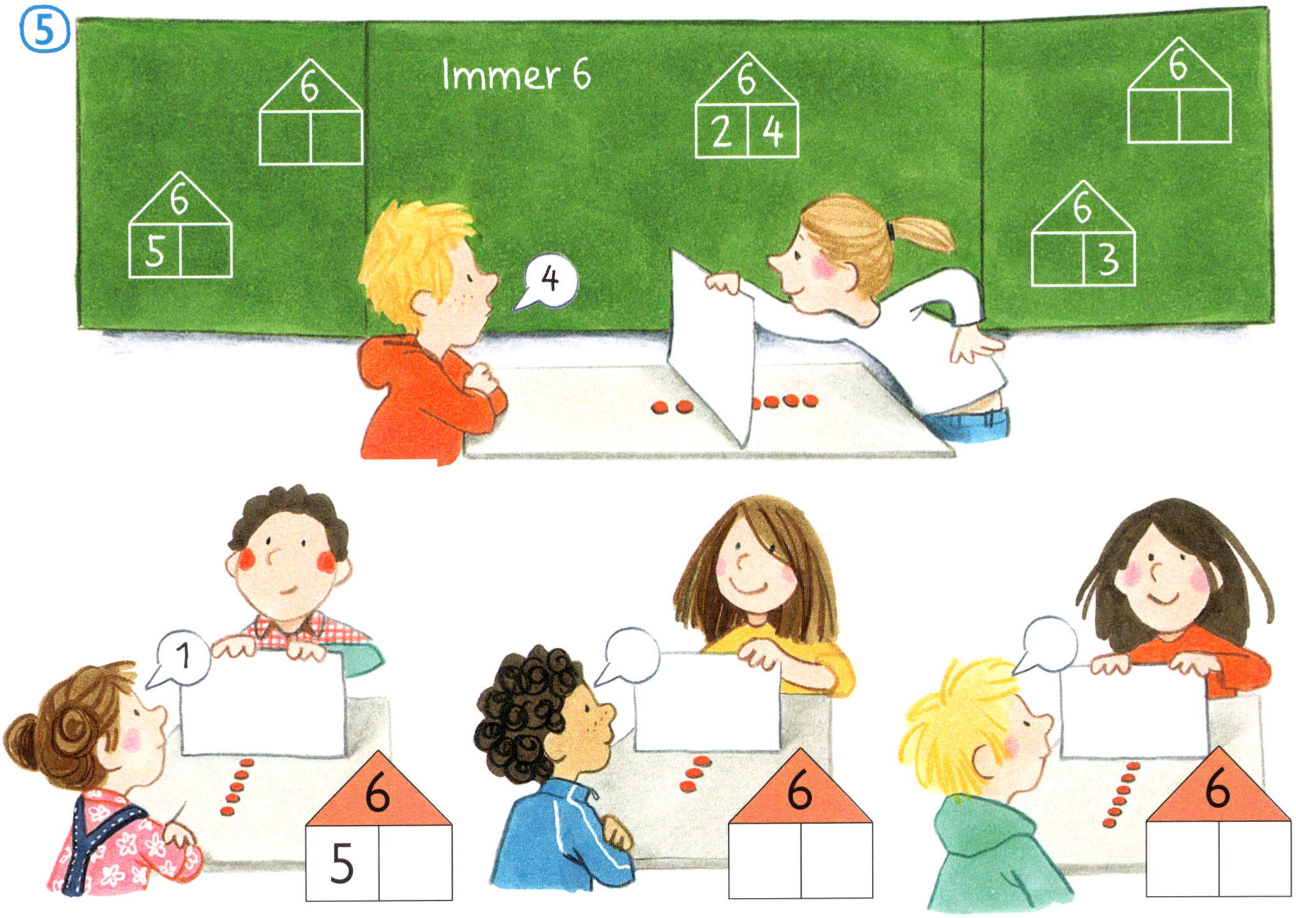

6

6		6		6		6		6		6		6	
3		2		0			2	1			0		1

3 Immer ein Plättchen mehr umdrehen und so systematisch alle Zerlegungen der 6 erzeugen.
Jede Zerlegung im Zehnerfeld darstellen und in das Zahlenhaus eintragen. 4 Ergänzungen zur 6 eintragen.
5 Zerlegung der 6 im Spiel üben. 6 Minizahlenhäuser ausfüllen, Ergänzungen zur 6 eintragen.

E ▸ 7 AH ▸ 20 A ▸ 7

Zahlen zerlegen – die Zahlen 7, 8, 9

① Immer 7. Lege, male und verbinde.

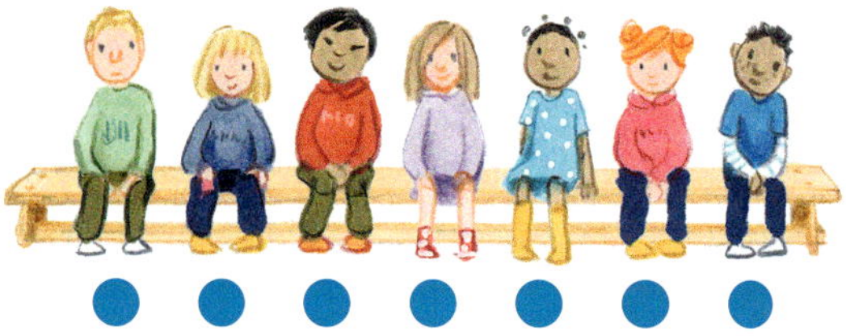

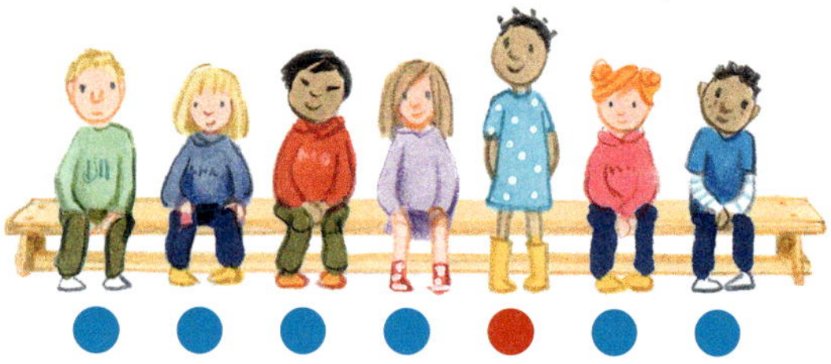

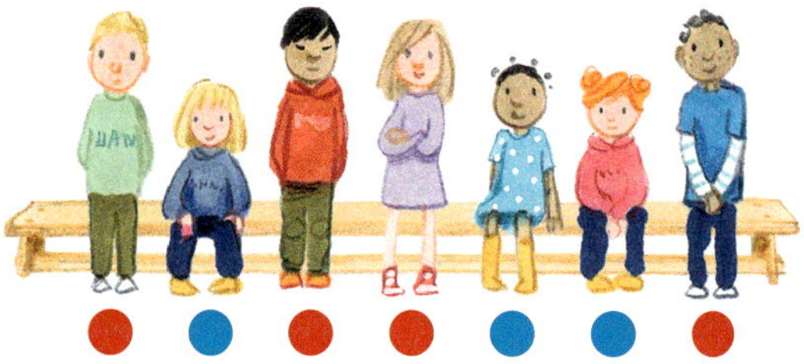

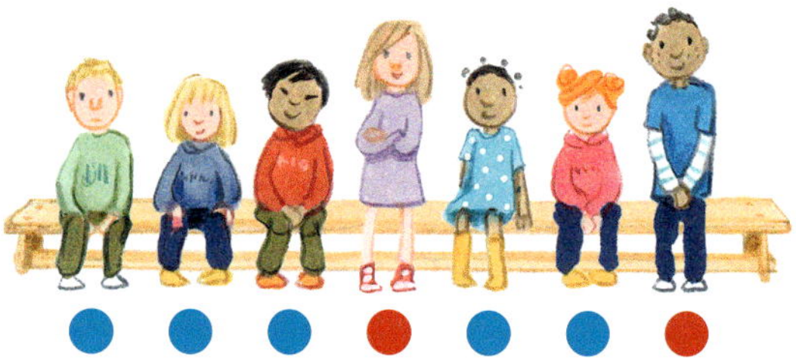

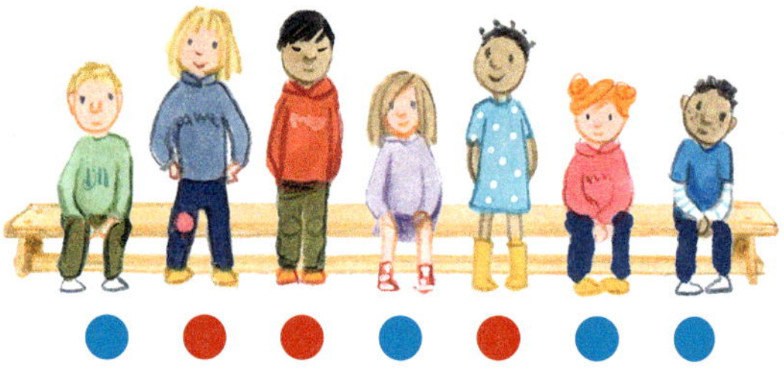

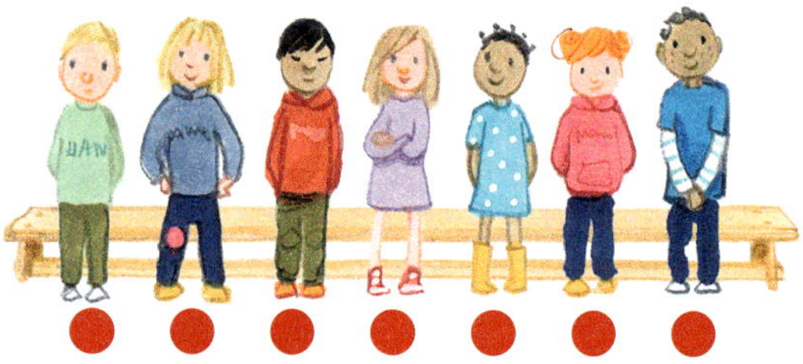

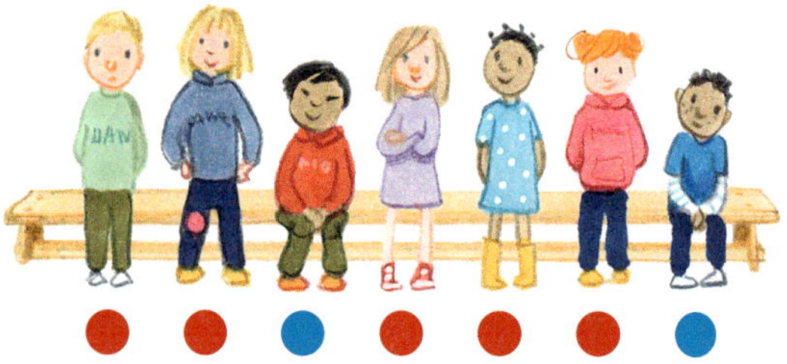

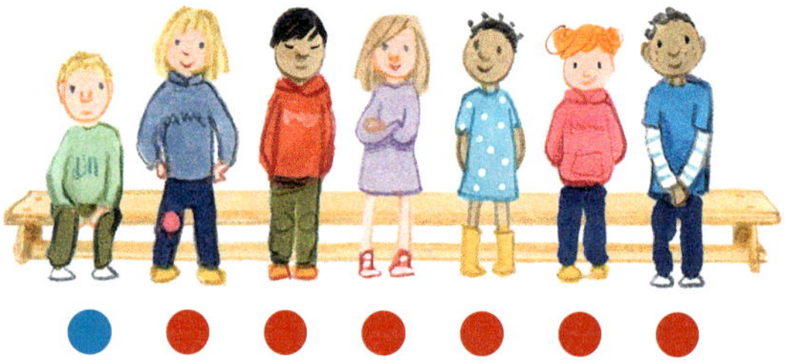

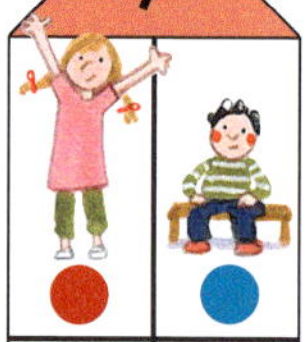

7

0	7
1	
2	
3	
5	2
	0

② Immer 7

7		7		7		7		7		7		7		7	
7	0	5			6	3		0		4			1	2	

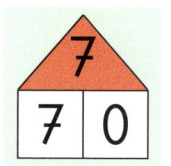

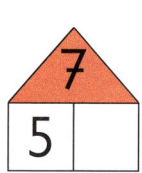

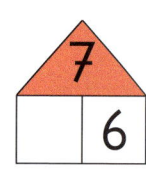

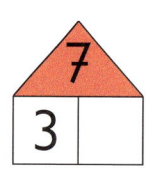

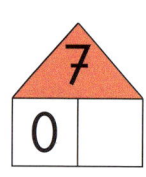

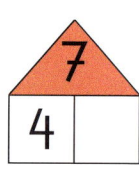

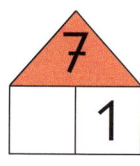

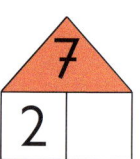

1 Wie viele Kinder stehen, wie viele Kinder sitzen? Sitzende Kinder: blauer Punkt, stehende Kinder: roter Punkt. Anzahlen in das Zahlenhaus eintragen, dabei vorgegebene Ordnung weiterführen. Fehlende Verbindungslinien zeichnen. Material: Zehnerfeld mit Plättchen. Fü: Lernsituationen nachspielen und gestalten.

E▶8 AH▶21 A▶8

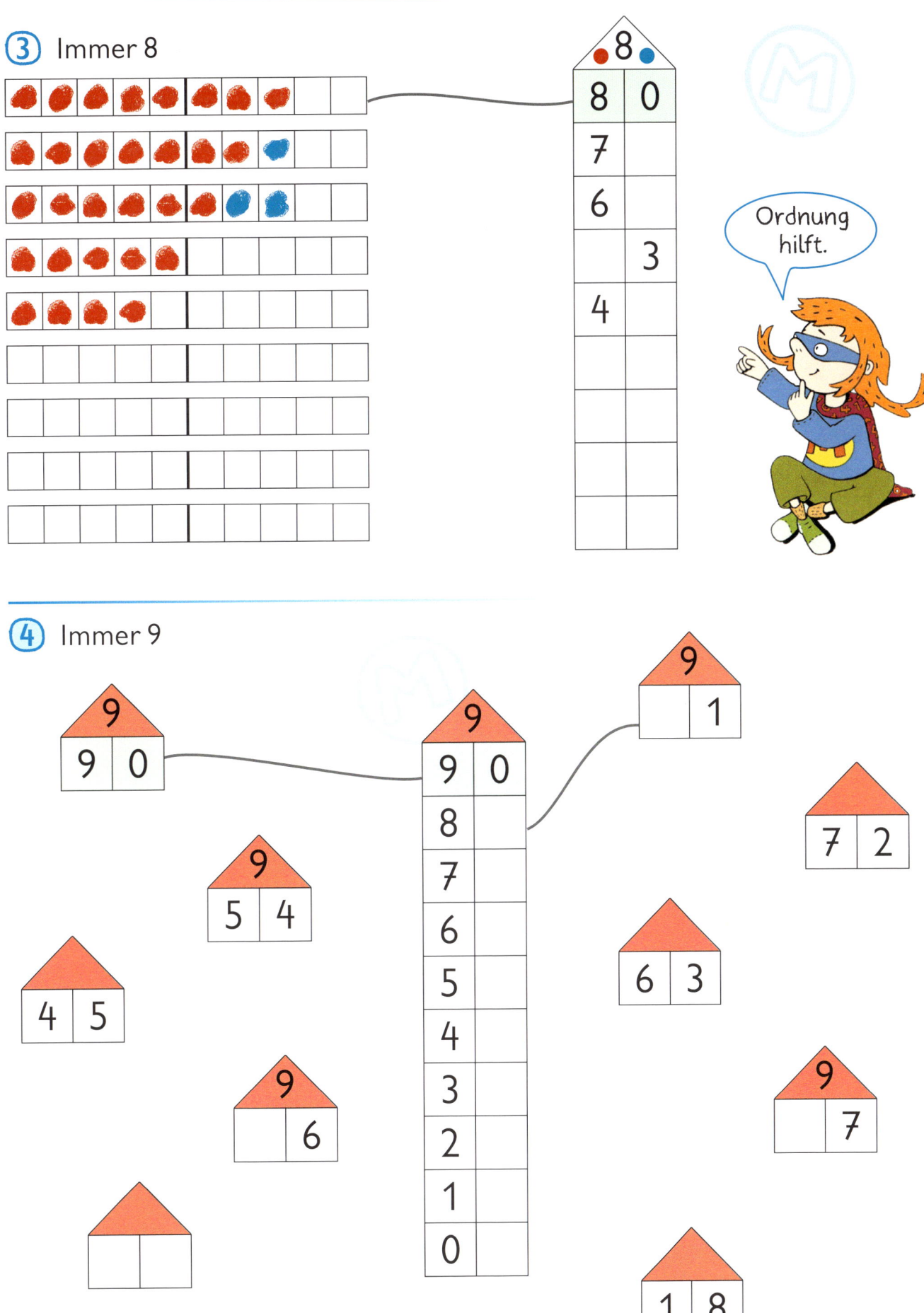

Zahlen zerlegen – die Zahl 10

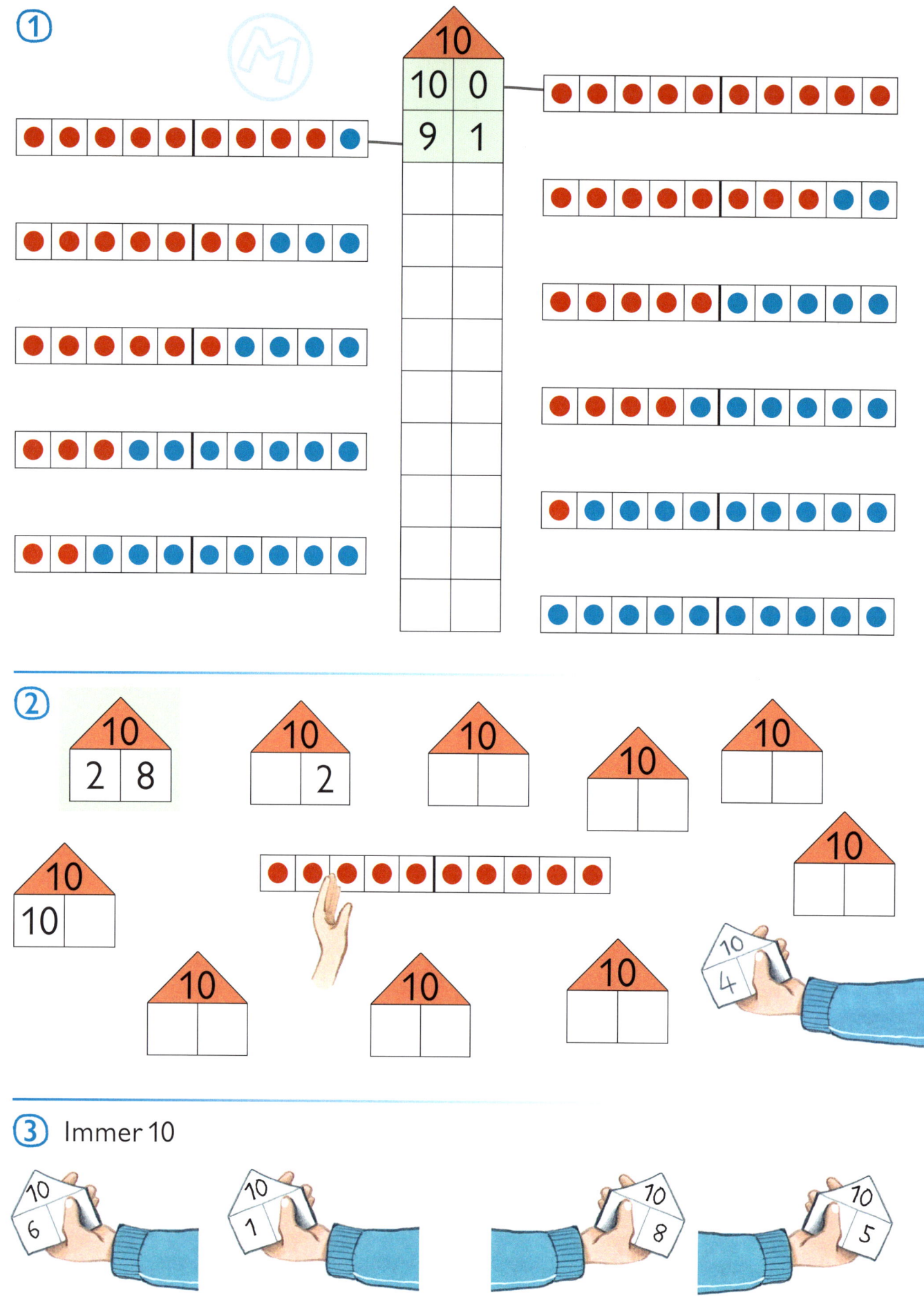

3 Immer 10

1 Zahlenhaus zur 10 mit Hilfe der Zehnerfelder – beginnend mit 10 und 0 geordnet ausfüllen. Verbindungslinien einzeichnen. 2 Zerlegungen am Zehnerfeld herstellen, in die Minizahlenhäuser eintragen. 3 Zerlegungen der 10/ Ergänzungen zur 10 spielerisch an vollständig ausgefüllten Minizahlenhäusern üben, die verdeckte Zahl nennen.

④ Immer 10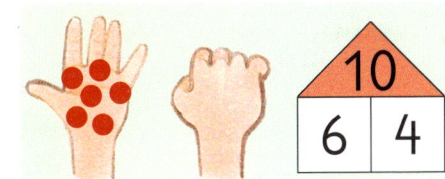

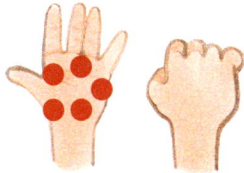  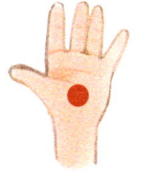  

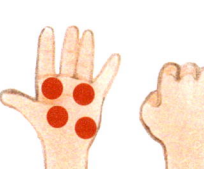   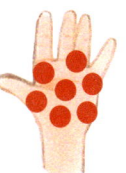  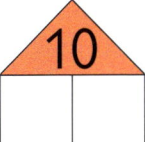

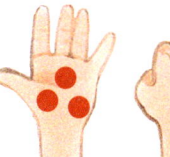   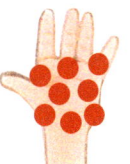  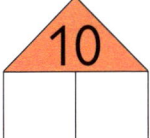

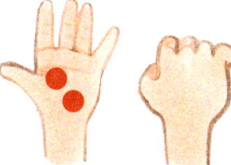   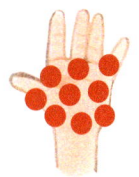  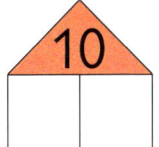

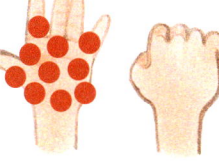  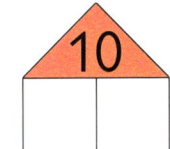 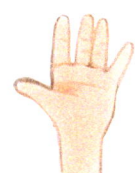  

⑤ Male und schreibe.

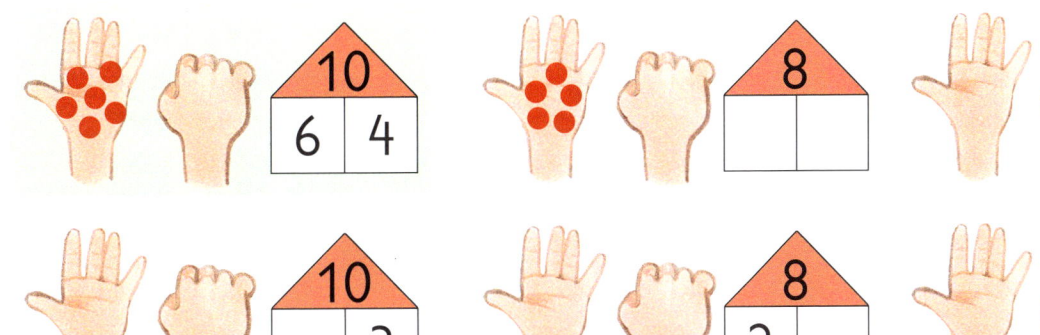

4 Alle Zerlegungen der 10 finden. Minizahlenhäuser ausfüllen.
5 Minizahlenhäuser passend zur Dachzahl ergänzen, ebenso die Punkte in der Hand.

Die Zahlen bis 10

① Gleich viele. Verbinde und schreibe.

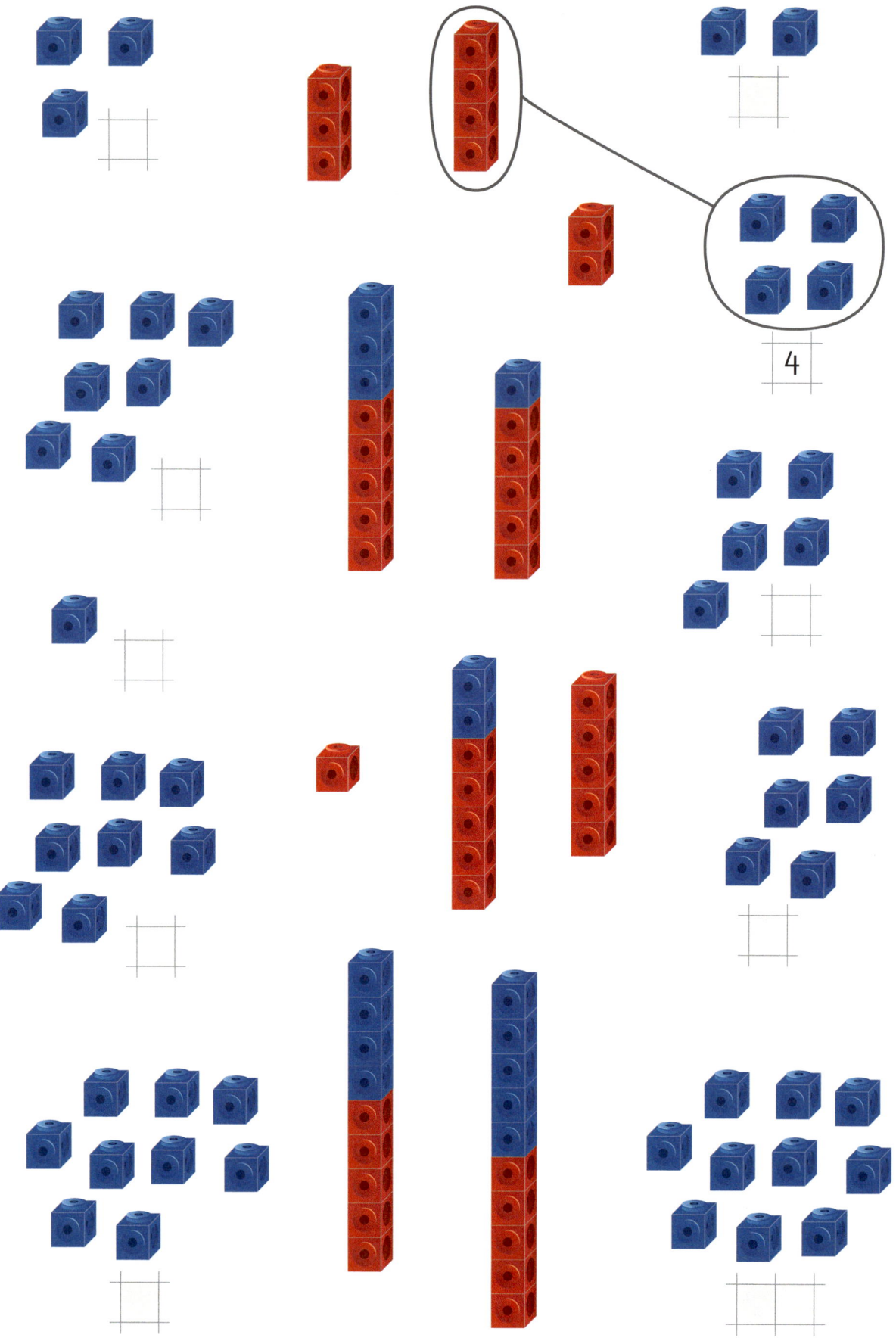

22

② Ergänze, male und schreibe.

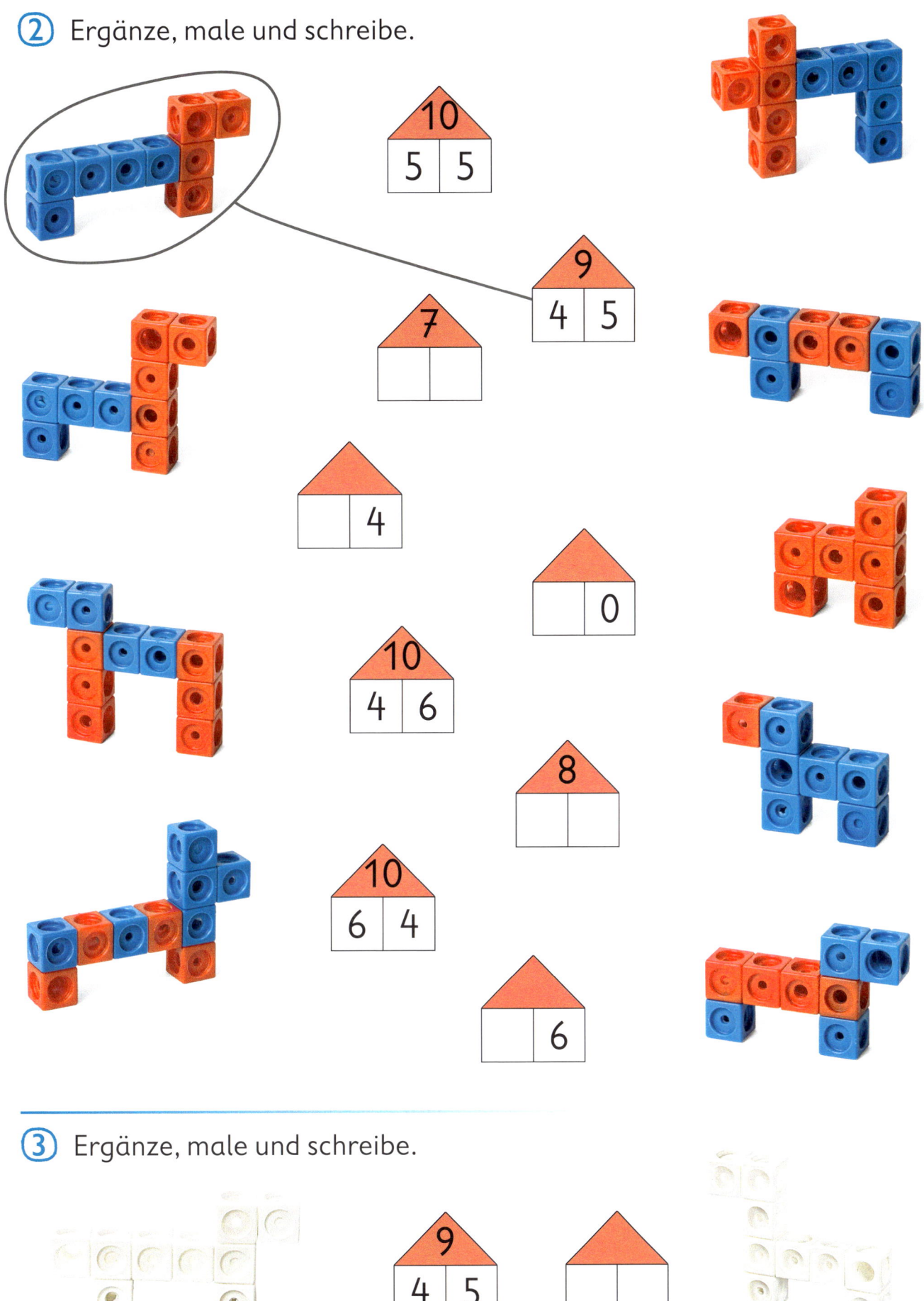

③ Ergänze, male und schreibe.

2 Steckwürfelfiguren mit dem passenden Minizahlenhaus verbinden. Eintragungen vervollständigen.
3 Steckwürfelfigur entsprechend der Vorgabe im Minizahlenhaus anmalen; eine eigene Aufgabe darstellen.

Vergleichen

① Beschreibe und vergleiche.

②

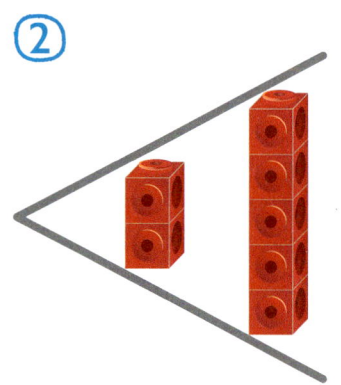  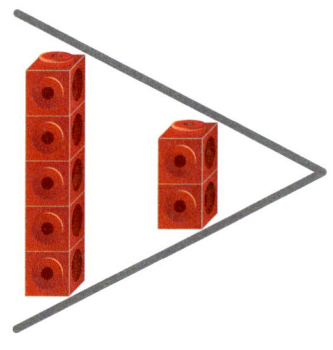

2 ist kleiner als 5   2 ist gleich 2   5 ist größer als 2

| 2 | < | 5 | | 2 | = | 2 | | 5 | > | 2 |

③ Setze ein: <, = oder >.

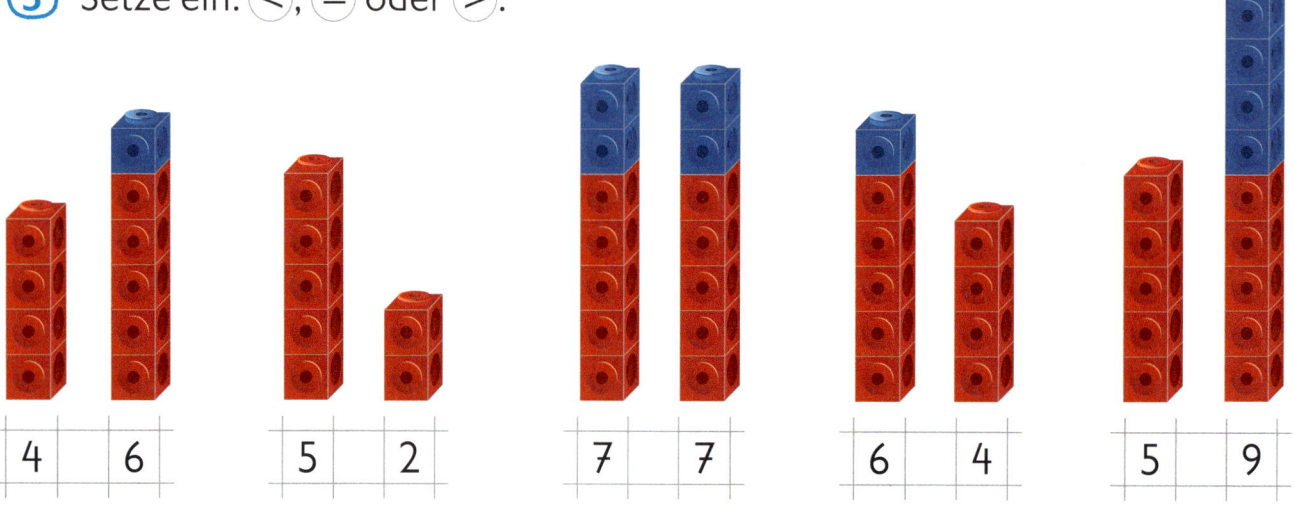

| 4 | 6 | | 5 | 2 | | 7 | 7 | | 6 | 4 | | 5 | 9 |

1 Zur Bilderfolge erzählen: Türme aus Steckwürfeln bauen und sie vergleichen.
Die Anzahlen in Beziehung setzen (Sprechblasen).
2, 3 Relationszeichen kennenlernen und benutzen.

④ Trage ein.

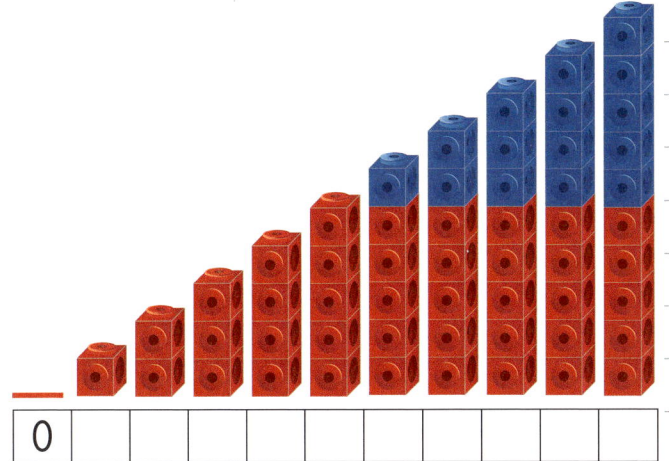

4	<	5		5	>			5	=	
4	<			5	>			6	=	
4	<			5	>			7	=	
4	<			5	>			8	=	
4	<			5	>			9	=	
6	=			8	=		1	0	>	
6	<	7		8	>		1	0	>	
6	<			8	>		1	0	>	
6	<			8	>		1	0	>	

⑤ Setze ein: <, = oder >.

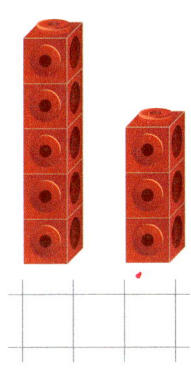  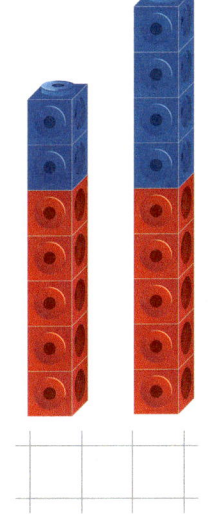 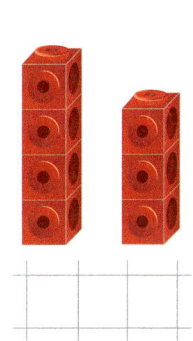 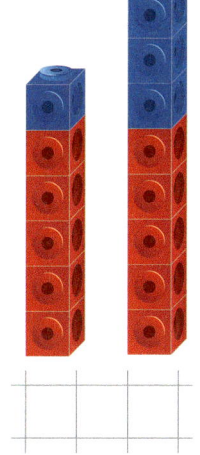

⑥ Setze ein: <, = oder >.

2		3	5		4	6		5	4		6	6		9
1		3	4		4	5		5	0		6	8		9
0		3	2		4	0		5	7		6	1 0		9

⑦ Welche Zahlen passen?

4	>			>	4	7	>			>	0		>	6
3	=			=	0		=	6	7	=		8	=	
2	<			<	5	6	<			<	8	0	<	

Das kann ich schon!

Addieren

① 2 + =

② 2 + =

③ 4 + =

④ 6 + =

Fü: Lernsituationen nachspielen und gestalten: 3 Kinder sitzen, 4 Kinder kommen hinzu. Das Zehnerfeld als vereinfachte Darstellung derselben Aufgabe verstehen. Die Gleichung (Tafelanschrieb) als mathematische Beschreibung kennenlernen. 1–4 Bildaufgabe im Zehnerfeld darstellen, Gleichung vervollständigen.

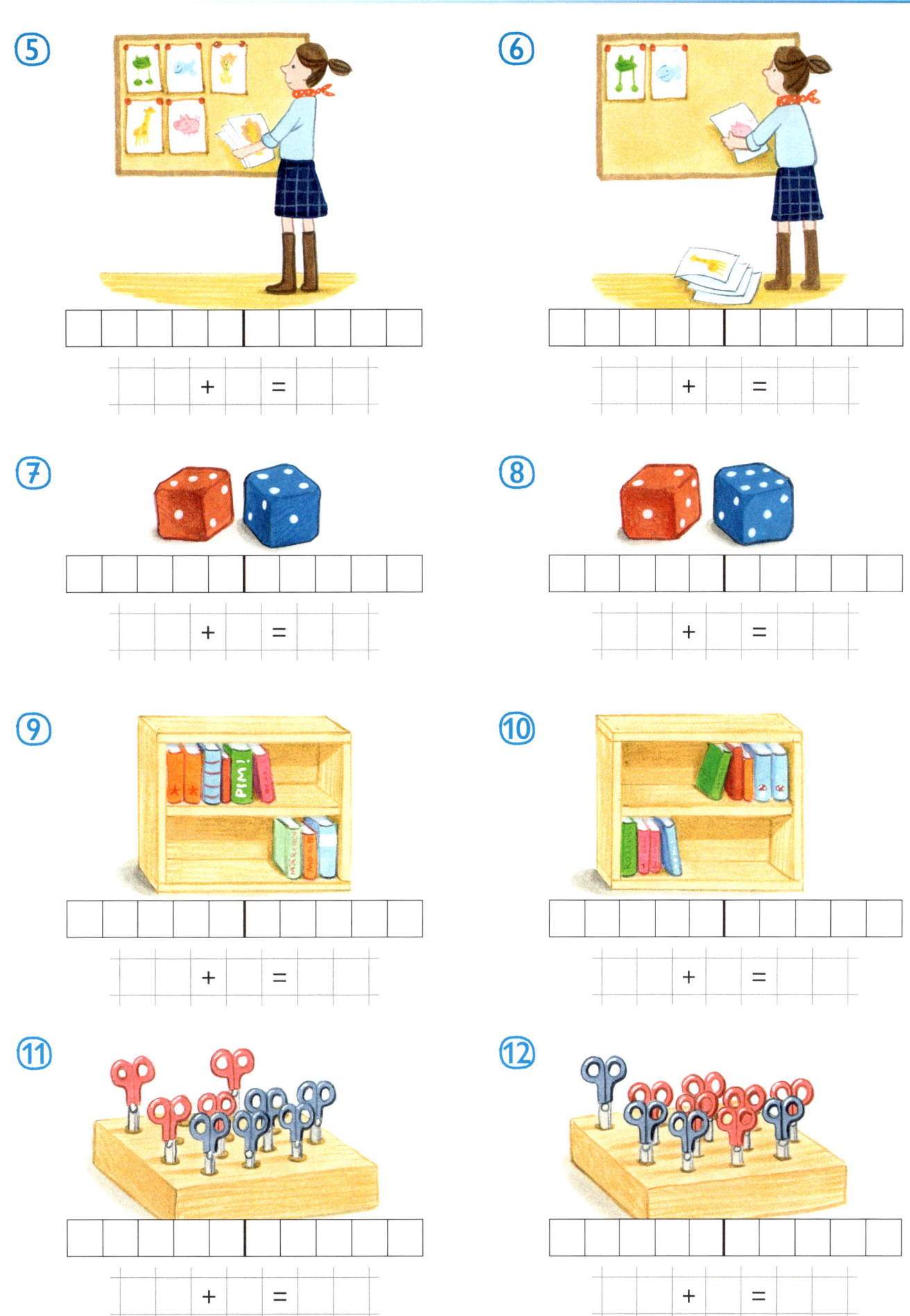

Addieren am Zehnerfeld

① Lege, schreibe und rechne.

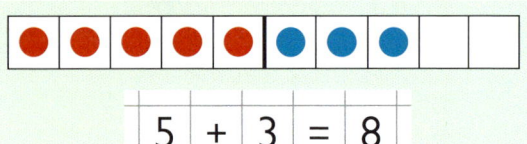

5 + 3 = 8

5 + 1 =	8 + 1 =	5 + 5 =
2 + 6 =	5 + 0 =	6 + 4 =
5 + 4 =	7 + 2 =	8 + 2 =

② Male, schreibe und rechne.

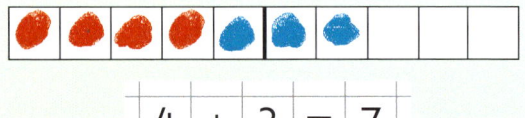

4 + 3 = 7

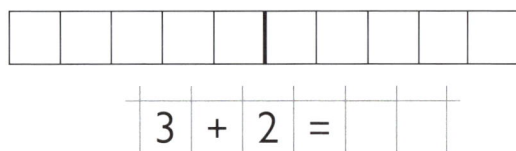
3 + 2 =

6 + 3 =

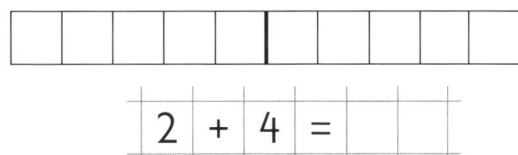
2 + 4 =

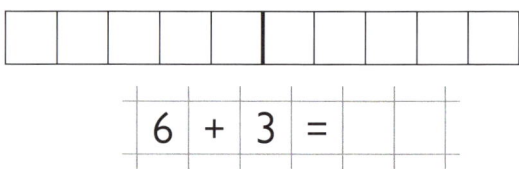
7 + 2 =

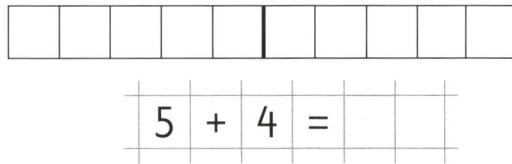
5 + 4 =

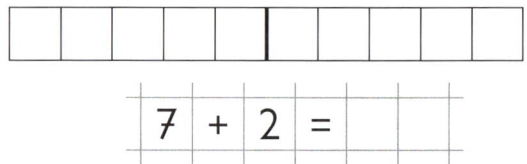
2 + 8 =

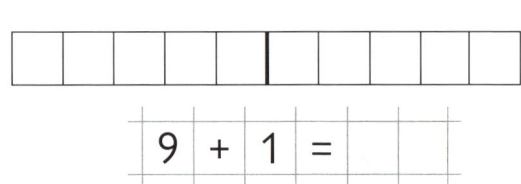
9 + 1 =

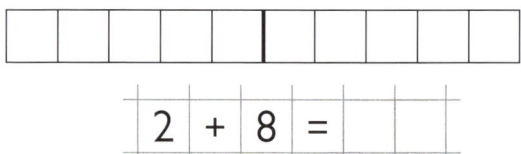
3 + 5 =

1 Aufgaben durch Legen von Plättchen im Zehnerfeld lösen.
2 Aufgaben durch Malen von Plättchen im Zehnerfeld lösen.

Rechne am Zehnerfeld.

③ 3 + 0 =
   3 + 1 =
   3 + 2 =
   3 + 3 =
   3 + 4 =

④ 5 + 1 =
   5 + 2 =
   5 + 3 =
   5 +   =
   5 +   =

⑤ 6 + 0 =
   6 + 1 =
   6 +   =
   6 +   =
   6 +   =

Rechne und prüfe.

⑥ 3 + 2 =
   4 + 3 =
   2 + 4 =
   5 + 2 =
   6 + 1 =

3 5 6 7 7 7

⑦ 4 + 1 =
   3 + 3 =
   5 + 4 =
   1 + 6 =
   5 + 2 =

5 6 7 7 8 9

⑧ 5 + 5 =
   8 + 1 =
   7 + 3 =
   9 + 0 =
   2 + 6 =

7 8 9 9 10 10

⑨ Passen Bild und Rechnung zusammen? Ja ✓ oder nein ∕ ?

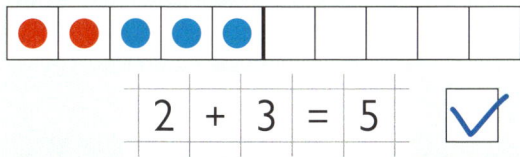

2 + 3 = 5 ✓

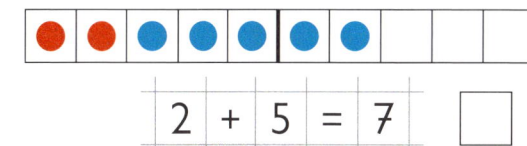

2 + 5 = 7

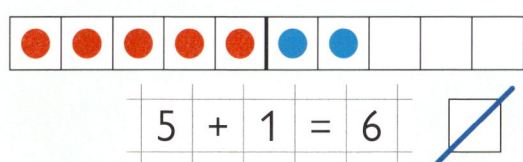

5 + 1 = 6 ∕

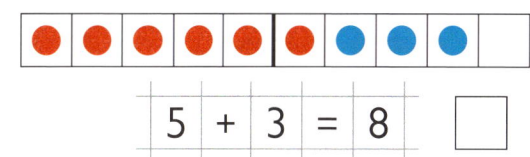

5 + 3 = 8

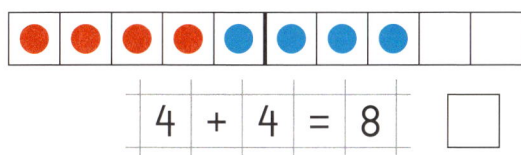

4 + 4 = 8

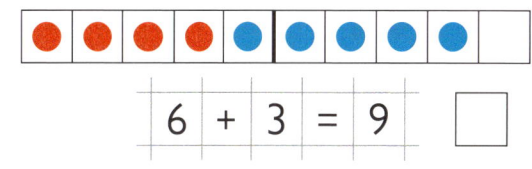

6 + 3 = 9

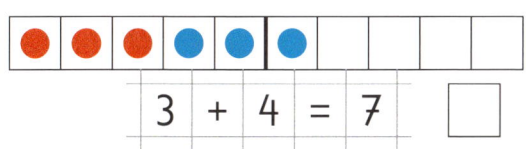

3 + 4 = 7

1 + 7 = 8

Addieren mit Super-Päckchen üben

① Male, schreibe und rechne. Was verändert sich?

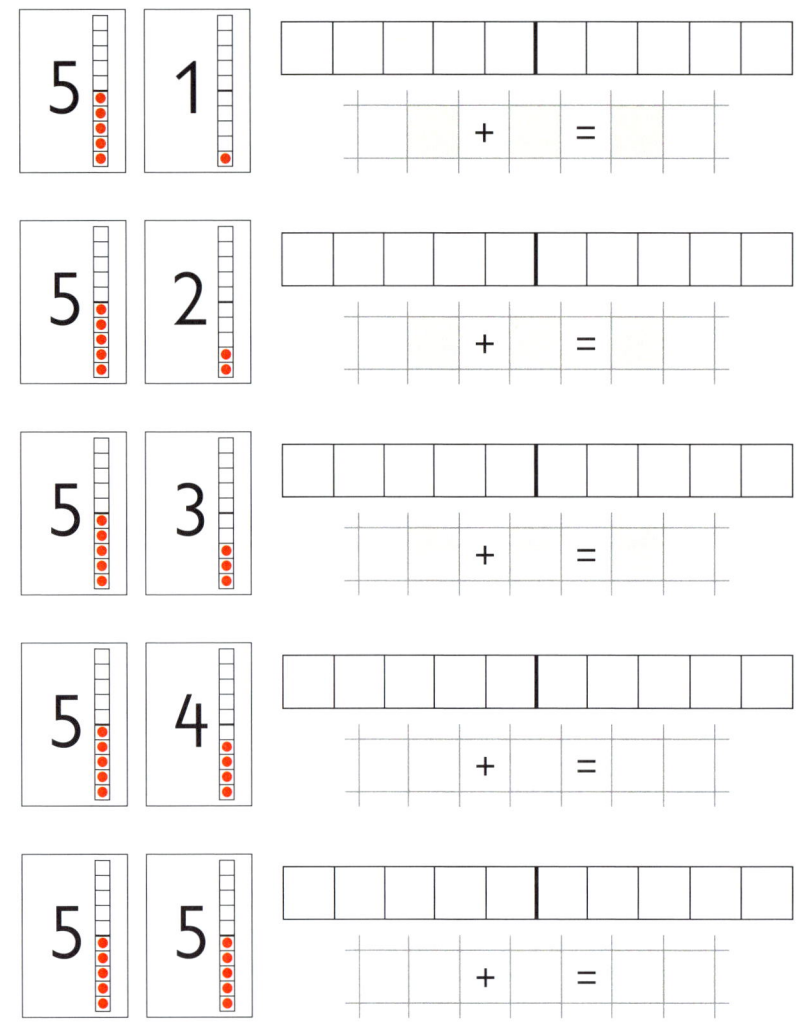

Super-Päckchen

②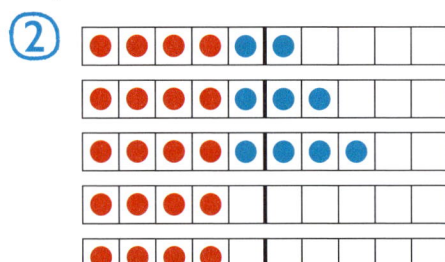

4	+	2	=	
4	+	3	=	
	+		=	
	+		=	
	+		=	

③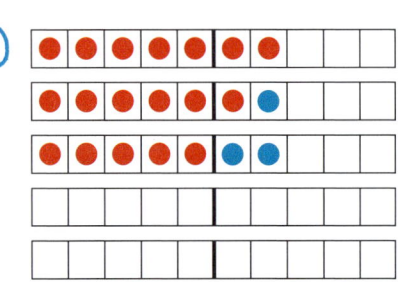

7	+	0	=	7
6	+		=	7
	+		=	
	+		=	
	+		=	

Wie geht es weiter?

④
3 + 2 =
3 + 3 =
3 + ___ =
___ + ___ =
___ + ___ =
___ + ___ =

⑤
4 + 5 =
4 + 4 =
4 + ___ =
___ + ___ =
___ + ___ =
___ + ___ =

⑥
1 + 0 =
2 + 1 =
3 + 2 =
4 + ___ =
___ + ___ =
___ + ___ =

Ergänze die fehlenden Aufgaben.

⑦
1 + 8 =
2 + 7 =
3 + ___ =
___ + 5 =
___ + ___ =
___ + ___ =

⑧
4 + 5 =
5 + 4 =
___ + 3 =
___ + ___ =
___ + ___ =
___ + ___ =

⑨
0 + 2 =
1 + 3 =
2 + 4 =
3 + ___ =
___ + ___ =
___ + ___ =

Ordne die Aufgaben zum Super-Päckchen. Rechne.

⑩ 2 + 3   2 + 3 = 5   2 + 4

2 + 6   2 + 5

2 + 7   2 + 8

"Die erste Zahl …"

⑪ 2 + 8

4 + 6   5 + 5

                         7 + 3

3 + 7   6 + 4

"entweder oder …"

Bildaufgaben

34

① ☐ + ☐ = ☐

② ☐ + ☐ = ☐

③ ☐ + ☐ = ☐

④ ☐ + ☐ = ☐

⑤ ☐ + ☐ = ☐

⑥ ☐ + ☐ = ☐

⑦ Male, schreibe und rechne.

☐ + ☐ = ☐

Die Zahlen bis 20

①

$10 + 1 = 11$

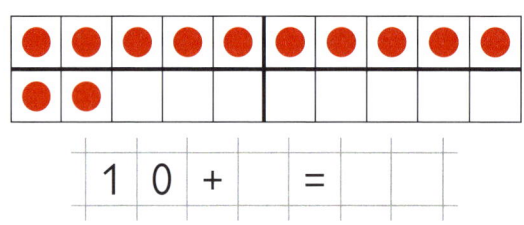

$10 + = $

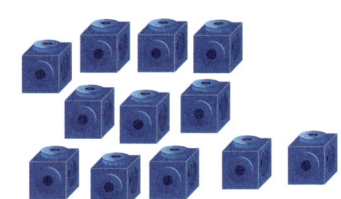

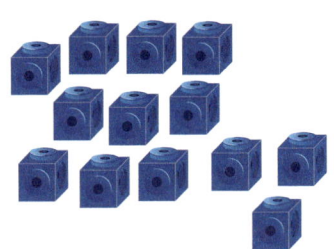

$10 + 3 = $

$10 + 4 = $

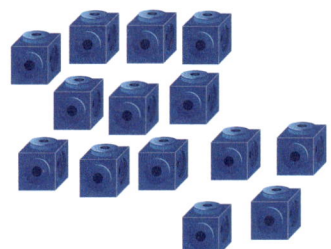

②

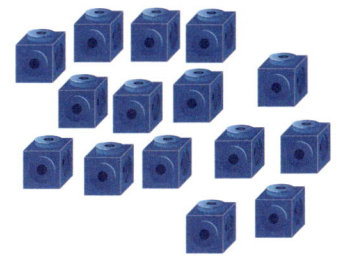
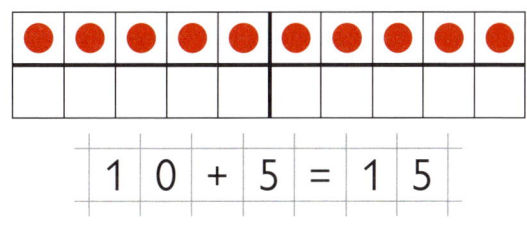
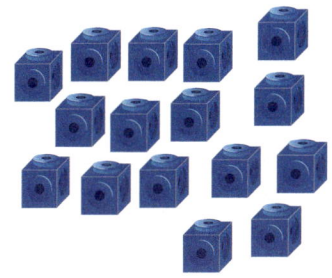

10 + 5 = 15

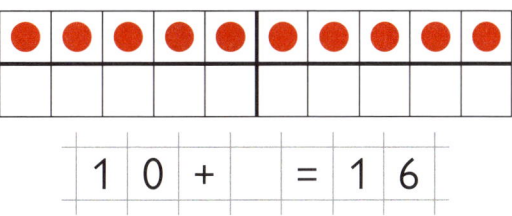

10 + = 16

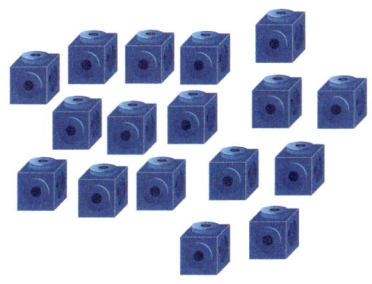
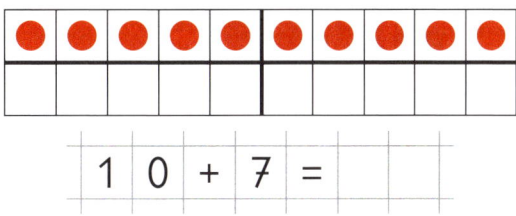
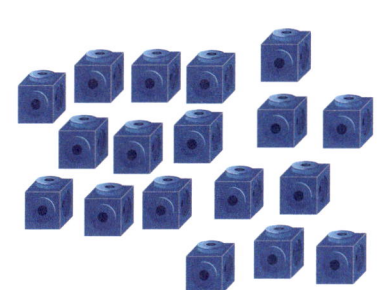

10 + 7 =

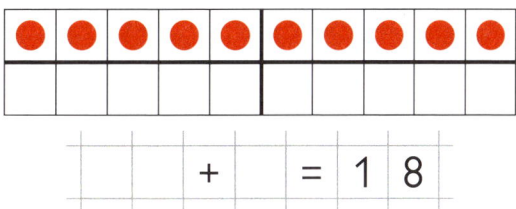

+ = 18

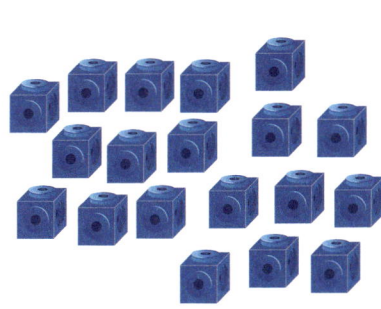
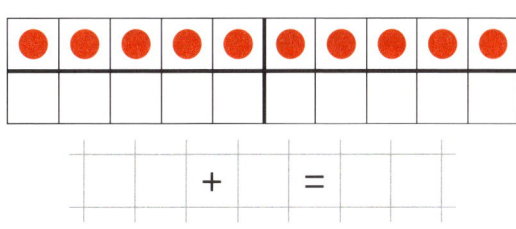
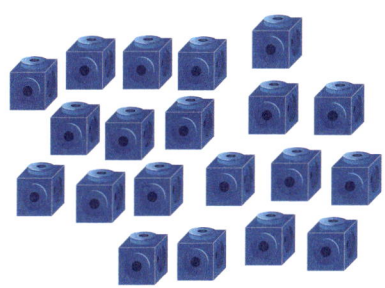

+ =

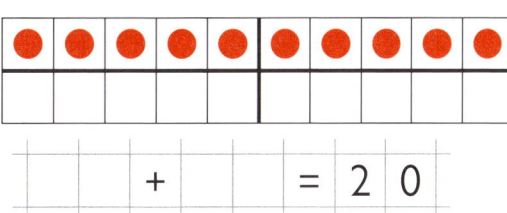

+ = 20

12   15   19

Anzahlbilder aus Zeitschriften oder anderen Materialien entnehmen und damit ein Plakat oder eine Portfolioseite gestalten; Anzahlbilder malen und gestalten.

Der Zahlenraum bis 20

① Wie viele?

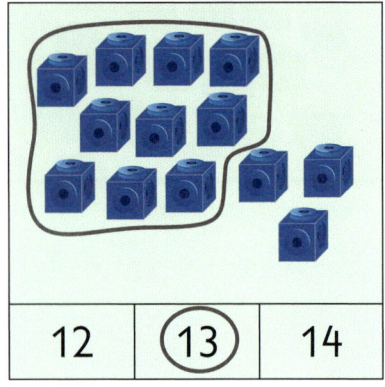 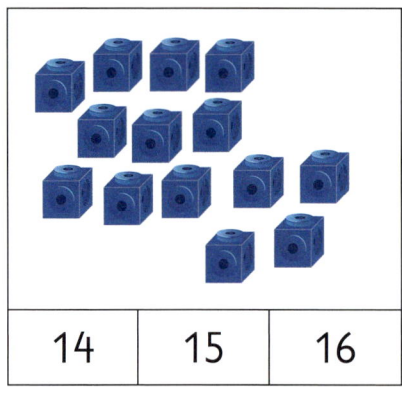 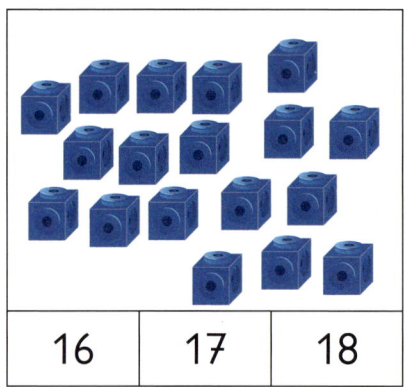

| 12 | (13) | 14 | | 14 | 15 | 16 | | 16 | 17 | 18 |

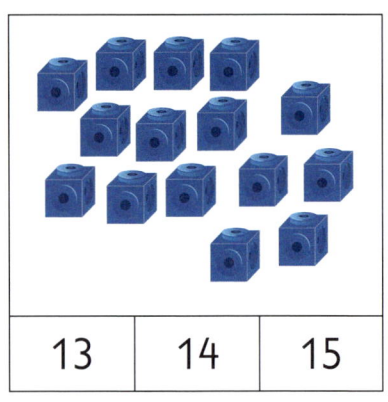 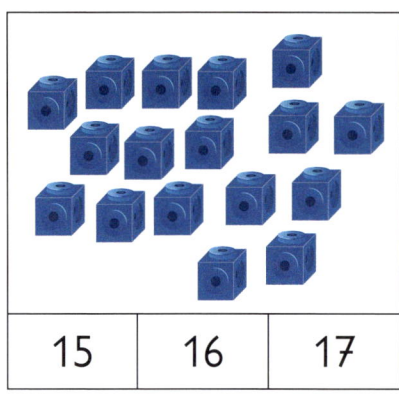 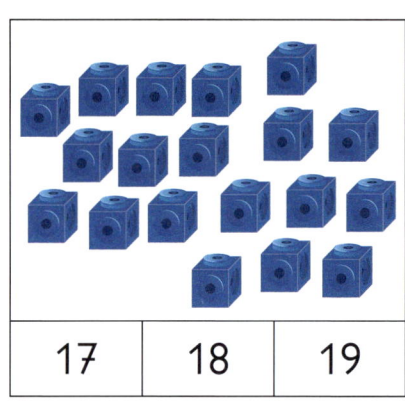

| 13 | 14 | 15 | | 15 | 16 | 17 | | 17 | 18 | 19 |

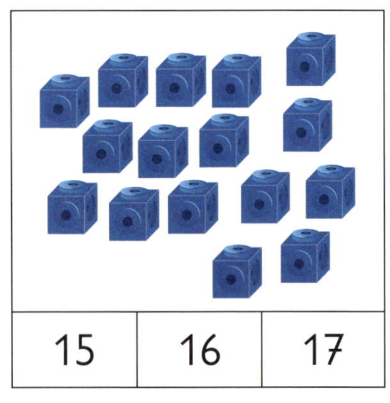 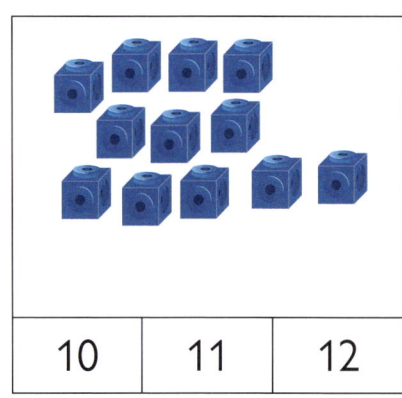 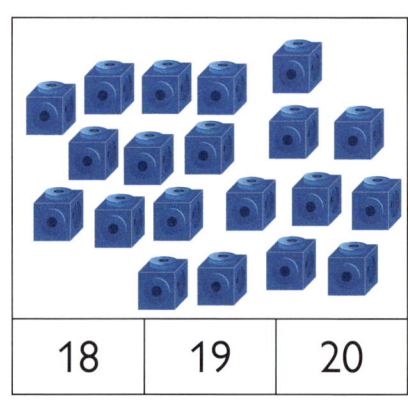

| 15 | 16 | 17 | | 10 | 11 | 12 | | 18 | 19 | 20 |

② Wie viele?   ③ Male.

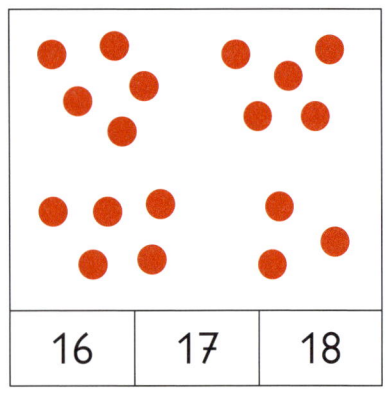 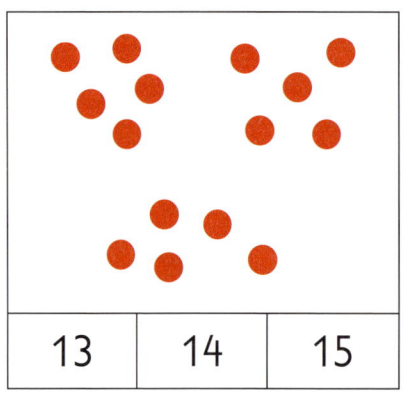 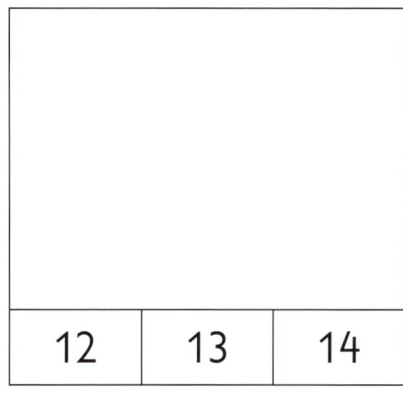

| 16 | 17 | 18 | | 13 | 14 | 15 | | 12 | 13 | 14 |

Addieren im Zahlenraum von 10 bis 20

①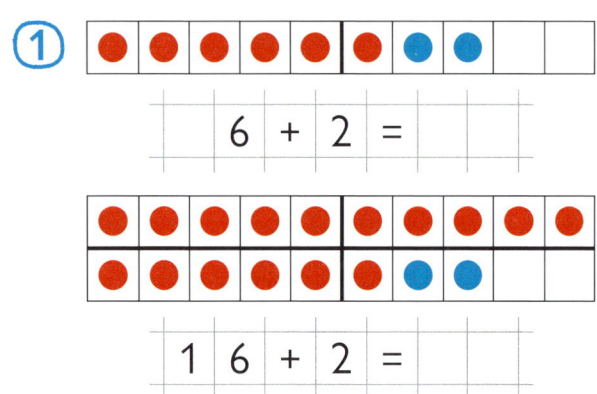

6 + 2 =

1 6 + 2 =

②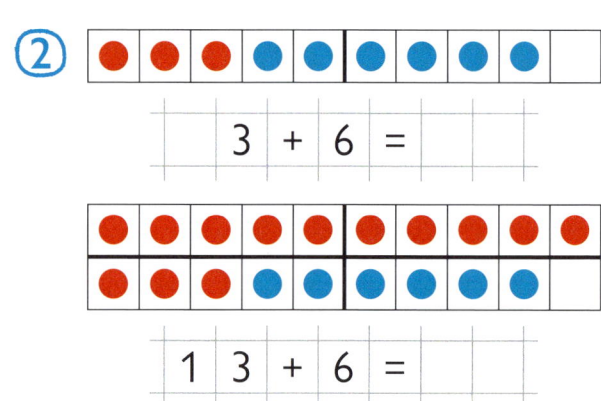

3 + 6 =

1 3 + 6 =

③
7 + 2 =
1 7 + 2 =

8 + 1 =
1 8 + 1 =

④
1 + 7 =
1 1 + 7 =

2 + 5 =
1 2 + 5 =

⑤
3 + 4 =
1 3 + 4 =

4 + 4 =
1 4 + 4 =

⑥ Besondere Aufgaben

0 + 3 =
1 0 + 3 =

0 + 2 =
1 0 + 2 =

5 + 5 =
1 5 + 5 =

0 + 4 =
1 0 + 4 =

0 + 6 =
1 0 + 6 =

7 + 3 =
1 7 + 3 =

⑦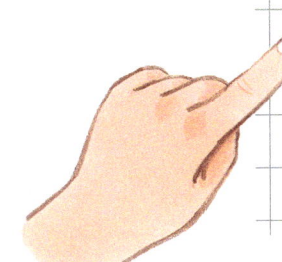

1	3	+	0	=			1	3	+	4	=	
1	3	+	1	=			1	3	+	5	=	
1	3	+	2	=			1	3	+	6	=	
1	3	+	3	=			1	3	+	7	=	

⑧ Rechne.

1	1	+	4	=			1	3	+	6	=			6	+	1	3	=	
1	3	+	5	=			1	8	+	2	=			2	+	1	8	=	
1	4	+	3	=			1	2	+	4	=			4	+	1	2	=	
1	2	+	6	=			1	7	+	2	=			2	+	1	7	=	

⑨ Super-Päckchen

1	4	+	2	=			1	5	+	2	=			1	6	+	1	=	
1	4	+	3	=			1	5	+	3	=			1	6	+	2	=	
1	4	+	4	=			1	5	+	4	=			1	6	+	3	=	
1	4	+		=					+	5	=			1	6	+		=	

1	5	+	2	=			1	4	+	5	=			1	6	+	4	=	
1	6	+	2	=			1	3	+	6	=			1	7	+	3	=	
1	7	+		=			1	2	+		=					+		=	
		+		=					+		=					+		=	

⑩ Erfinde eigene Super-Päckchen.

1	4	+	4	=			1	0	+	1	=			1	5	+	5	=	
		+		=					+		=					+		=	
		+		=					+		=					+		=	
		+		=					+		=					+		=	

7, 8 Im Kopf die passende Aufgabe im ersten Zehner berechnen, den Zehner erst beim Aufschrieb der Lösung berücksichtigen.
9 Wer das Muster versteht, braucht weniger zu rechnen.

Tauschaufgaben

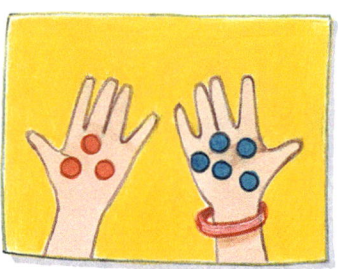
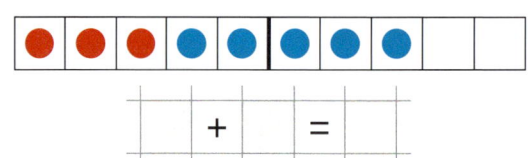

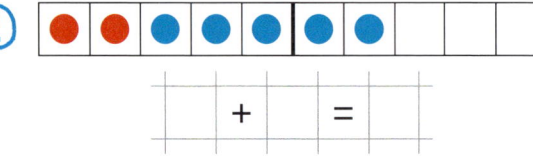
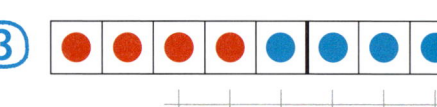
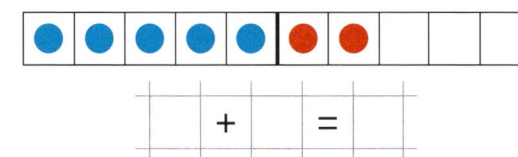
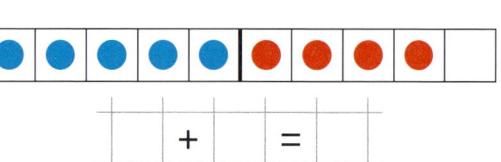

Aufgaben und Tauschaufgaben. Ergänze.

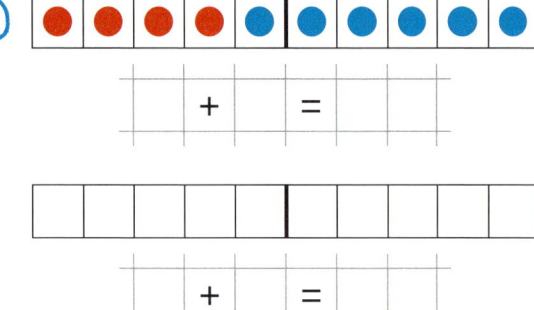
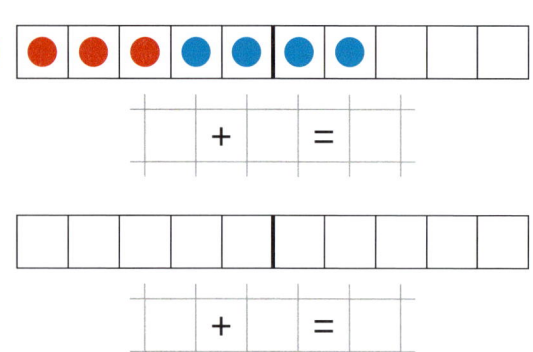

⑥ Verbinde Aufgabe und Tauschaufgabe.

| 12 + 6 = 18 | 7 + 11 = 18 | 8 + 0 = 8 | 3 + 5 = 8 |

| 0 + 8 = 8 | 6 + 12 = 18 | 5 + 3 = 8 | 11 + 7 = 18 |

Ergänzen

① Immer 10. Wie viele dazu?

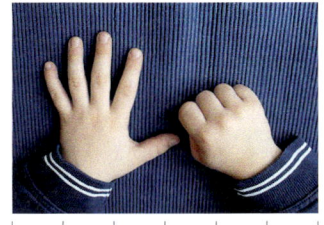   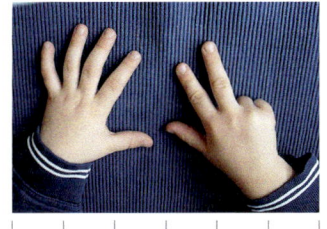   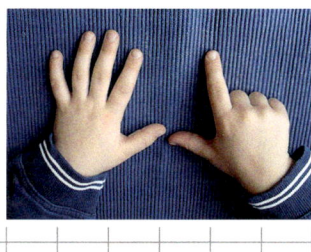

5 + ☐ = 1 0   8 + ☐ = 1 0   7 + ☐ = 1 0

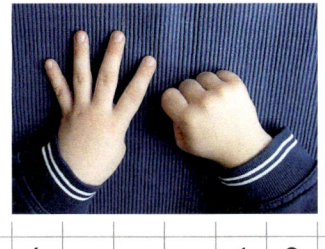   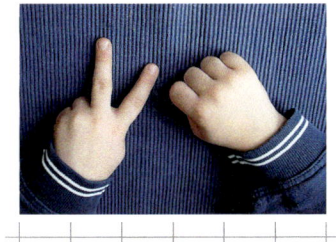   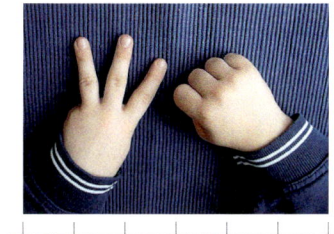

4 + ☐ = 1 0   ☐ + ☐ = 1 0   ☐ + ☐ = 1 0

②
2 + ☐ = 3
2 + ☐ = 5

③
4 + ☐ = 9
3 + ☐ = 7

④
2 + ☐ = 8
7 + ☐ = 9

⑤
1 2 + ☐ = 1 3
1 2 + ☐ = 1 5

⑥
1 6 + ☐ = 1 9
1 3 + ☐ = 1 8

⑦
1 1 + ☐ = 1 8
1 2 + ☐ = 1 7

⑧
☐ 7 + ☐ = 1 0
1 7 + ☐ = 2 0
☐ 3 + ☐ = 1 0
1 3 + ☐ = 2 0

⑨
☐ 2 + ☐ = ☐ 7
1 2 + ☐ = 1 7
☐ 7 + ☐ = ☐ 9
1 7 + ☐ = 1 9

⑩
☐ 4 + ☐ = ☐ 8
1 4 + ☐ = 1 8
☐ 6 + ☐ = ☐ 9
1 6 + ☐ = 1 9

⑪ Ergänze.

5 + ☐ = 1 0
7 + ☐ = 1 0
3 + ☐ = 1 0
8 + ☐ = 1 0

⑫ Ergänze.

1 5 + ☐ = 2 0
1 7 + ☐ = 2 0
1 3 + ☐ = 2 0
1 8 + ☐ = 2 0

1 2 + ☐ = 2 0
1 4 + ☐ = 2 0
1 6 + ☐ = 2 0
1 1 + ☐ = 2 0

1 Zu zwei Händen gehören 10 Finger. Anzahl der Finger eintragen, die auf dem Bild nicht zu sehen sind.
2–10 Zahlen eintragen, die zu einer richtigen Gleichung führen.
11–12 Ergänzungen eintragen, dabei Analogien nutzen.

Das kann ich schon!

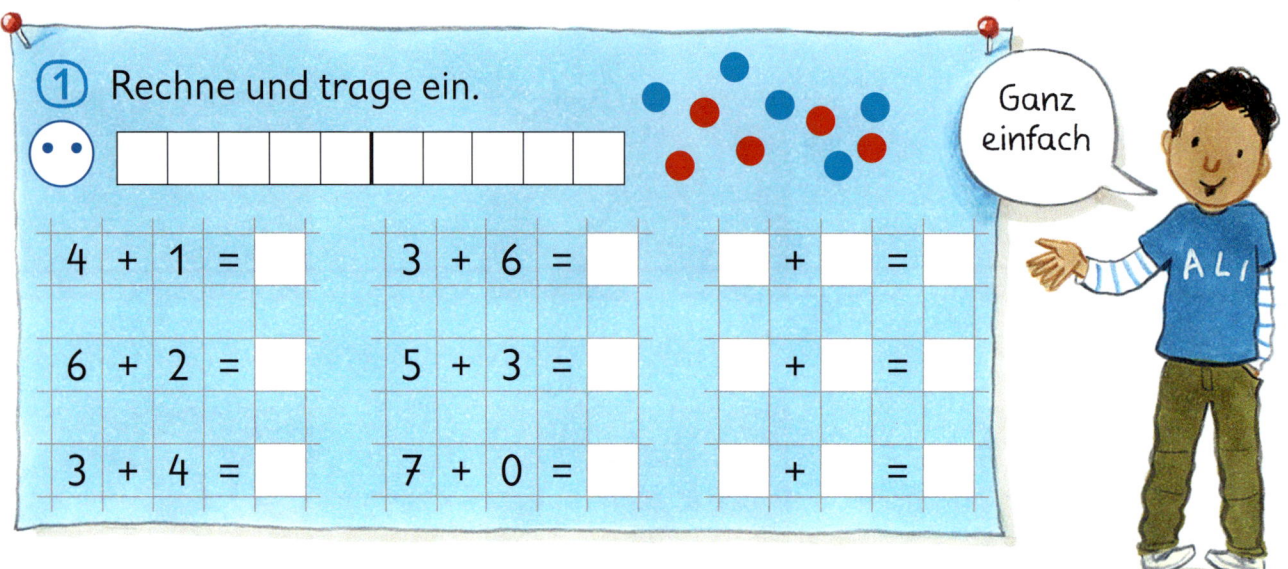

① Rechne und trage ein.

4 + 1 =   3 + 6 =   ⬚ + ⬚ = ⬚
6 + 2 =   5 + 3 =   ⬚ + ⬚ = ⬚
3 + 4 =   7 + 0 =   ⬚ + ⬚ = ⬚

Super-Päckchen, Lieblings-päckchen

② Rechne. Wie geht es weiter?

3 + 2 =   16 + 3 =
4 + 2 =   15 + 3 =
5 + ⬚ =   14 + ⬚ =
⬚ + ⬚ =   ⬚ + ⬚ =
⬚ + ⬚ =   ⬚ + ⬚ =

③ Trage ein.

44

④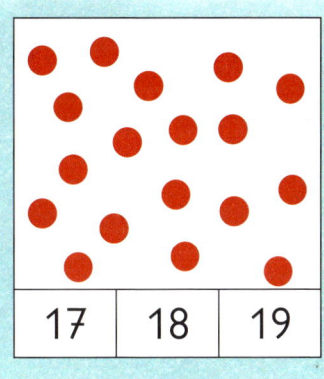

1	0	+	2	=		
1	0	+	5	=		
1	0	+	4	=		
1	0	+	8	=		

| 16 | 17 | 18 | | 17 | 18 | 19 |

⑤ Male und schreibe.

Tauschaufgaben

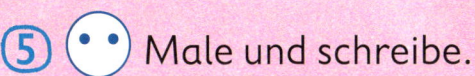

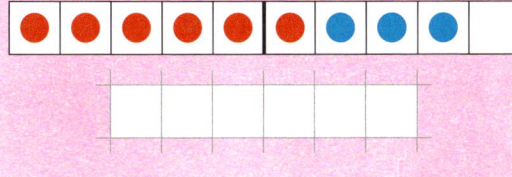

⑥ Schreibe und rechne.

| | 4 | + | 3 | = | |
| | | + | | = | |

| 1 | 4 | + | 3 | = | |
| | | + | | = | |

⑦ Immer 7. Ergänze.

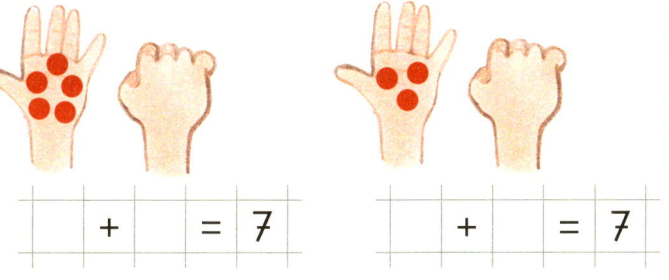

| + | = 7 | | + | = 7 |

⑧ Wie viele fehlen? Ergänze.

8	+		=	1	0
5	+		=	1	0
1	3	+		=	2	0
1	1	+		=	2	0

⑨ 3 + 2 = 5   Welches Bild passt? Kreuze an.

Subtrahieren

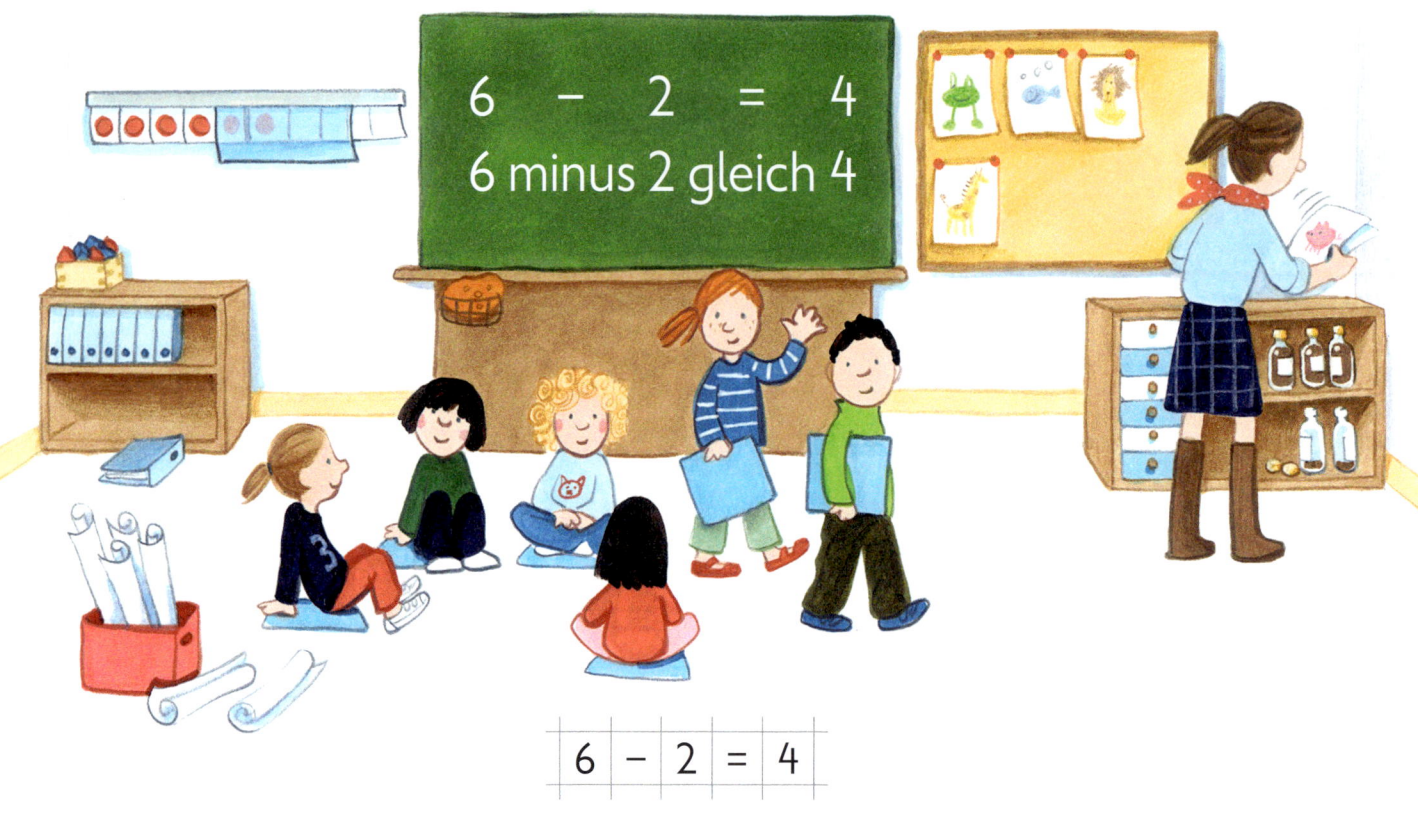

$6 - 2 = 4$

① 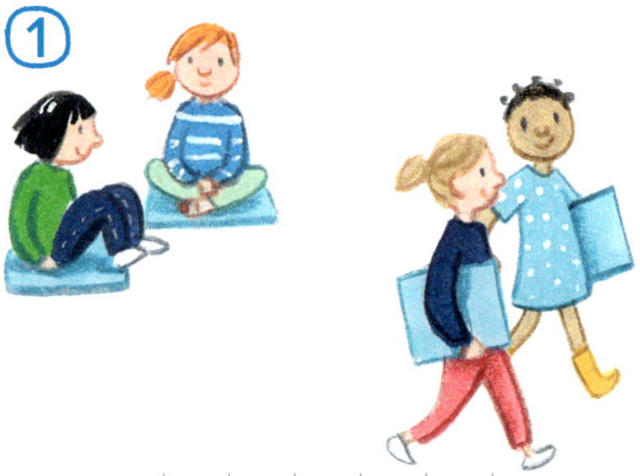

$4 - \square = \square$

② 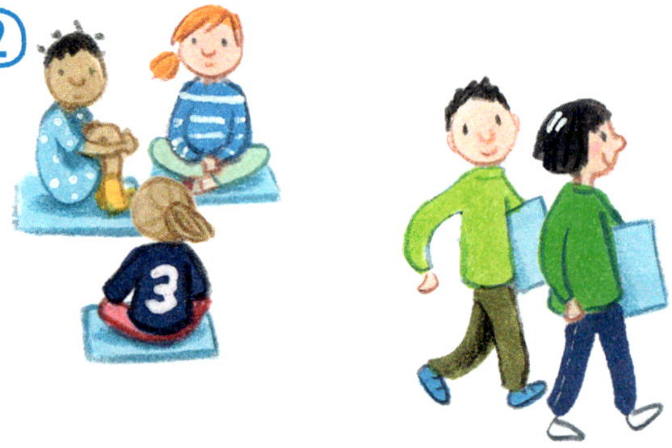

$5 - \square = \square$

③ 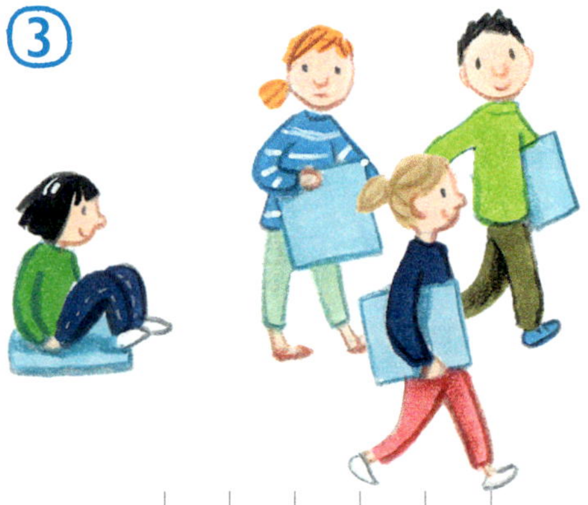

$4 - \square = \square$

④ 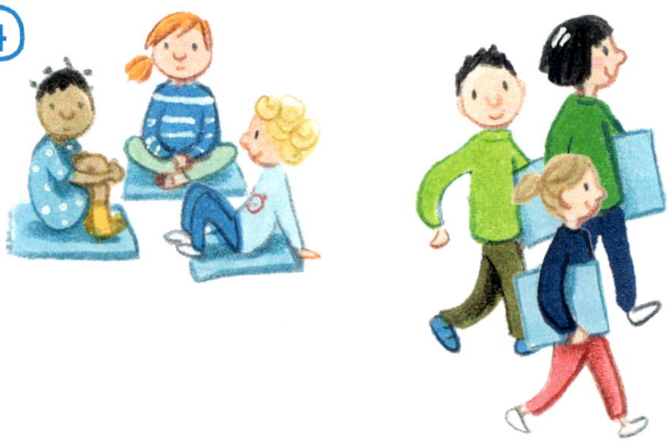

$6 - \square = \square$

Fü: Lernsituationen nachspielen und gestalten: 4 Kinder sitzen, 2 Kinder gehen weg.
Den Zahlensatz im Tafelanschrieb als mathematische Darstellung der Bildsituation verstehen.
1–12 Aufgabe zum Bild vervollständigen und lösen.

E▸22 AH▸34 A▸22

⑤
5 – ☐ = ☐

⑥
7 – ☐ = ☐

⑦
6 – ☐ = ☐

⑧
8 – ☐ = ☐

⑨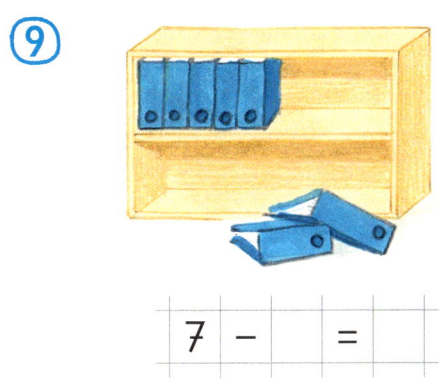
7 – ☐ = ☐

⑩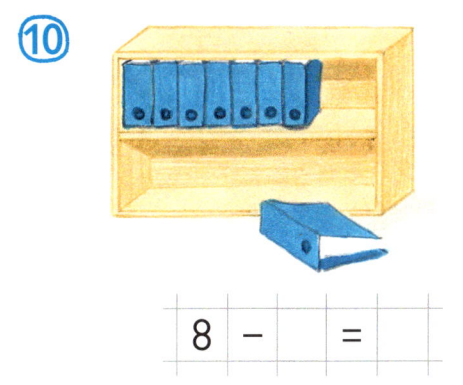
8 – ☐ = ☐

⑪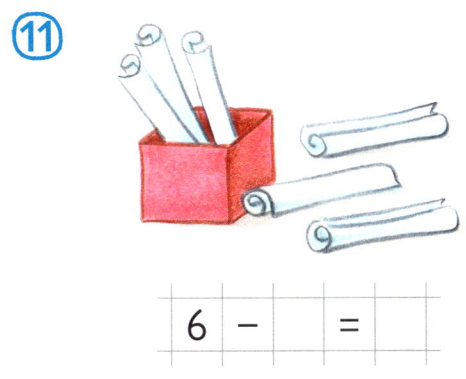
6 – ☐ = ☐

⑫
4 – ☐ = ☐

Subtrahieren am Zehnerfeld

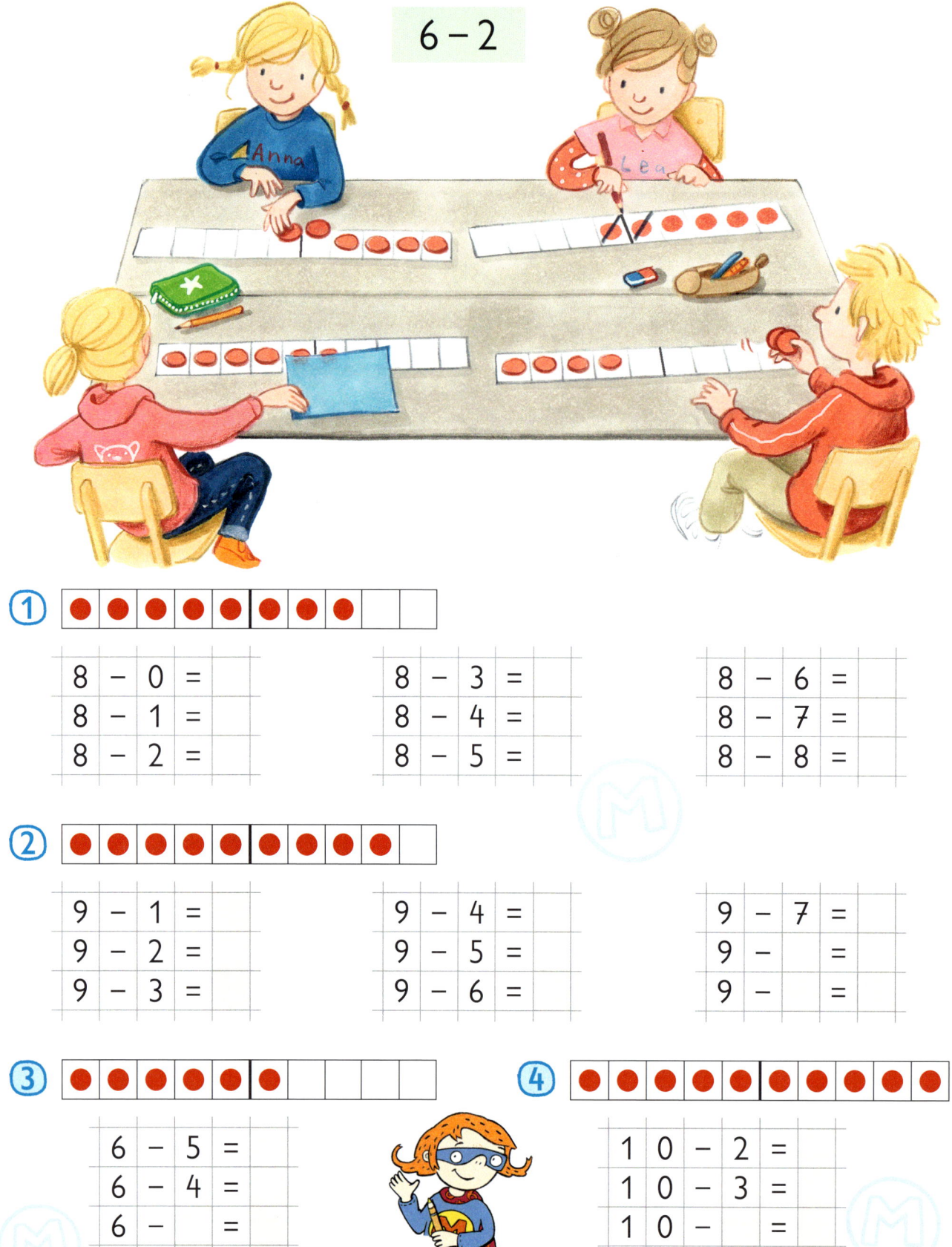

①
8 − 0 =   8 − 3 =   8 − 6 =
8 − 1 =   8 − 4 =   8 − 7 =
8 − 2 =   8 − 5 =   8 − 8 =

②
9 − 1 =   9 − 4 =   9 − 7 =
9 − 2 =   9 − 5 =   9 − ___ =
9 − 3 =   9 − 6 =   9 − ___ =

③
6 − 5 =
6 − 4 =
6 − ___ =
6 − ___ =
6 − ___ =
6 − ___ =

④
10 − 2 =
10 − 3 =
10 − ___ =
10 − ___ =
10 − ___ =
10 − ___ =

Schreibe, rechne.

Darstellungen für die Subtraktion im Zehnerfeld vergleichen.
1, 2 Super-Päckchen bearbeiten, ggf. das zugehörige Zehnerfeld nutzen.
3, 4 Fehlende Aufgaben eintragen, so dass Super-Päckchen entstehen.

⑤

7	–	0	=	
7	–	1	=	
7	–	2	=	
7	–	3	=	
7	–	4	=	
7	–	5	=	
7	–		=	
7	–		=	

⑥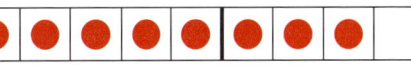

8	–	1	=	
8	–	2	=	
8	–	3	=	
8	–	4	=	
	–	5	=	
	–		=	
	–		=	
	–		=	

Super-Päckchen – super einfach

⑦

9 – 2 =	9 – 3 =	9 – 5 =
9 – 4 =	9 – 9 =	9 – 8 =
9 – 6 =	9 – 7 =	9 – 0 =

⑧

10 – 4 =	10 – 2 =	10 – 7 =
10 – 6 =	10 – 8 =	10 – 3 =
10 – 5 =	10 – 0 =	10 – 10 =
10 – 1 =	10 – 9 =	

Super-Päckchen
Setze fort.

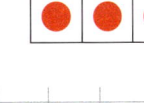 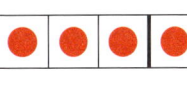 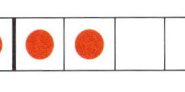 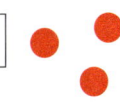

⑨
7 – 7 =
7 – 6 =
7 – 5 =
7 – 4 =
7 – =
– =
– =
– =

⑩
9 – 9 =
9 – 8 =
9 – 7 =
9 – 6 =
9 – =
– =
– =
– =

⑪
8 – 7 =
8 – 6 =
8 – 5 =
8 – 4 =
8 – =
– =
– =
– =

Bildaufgaben

50

⑦ Male, schreibe und rechne.

9 − 4 =

Bilder und eigene Aufgaben malen und notieren.
1–6 Bildaufgaben erfassen, durch passende Aufgaben beschreiben.
7 Zur vorgegebenen Aufgabe ein passendes Bild malen.

Subtrahieren im Zahlenraum von 10 bis 20

①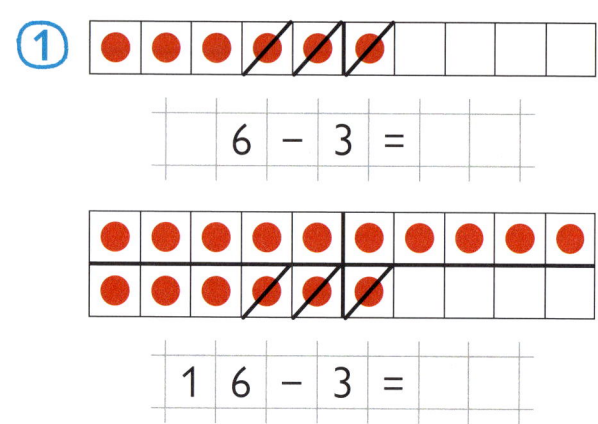

6 − 3 =

1 6 − 3 =

②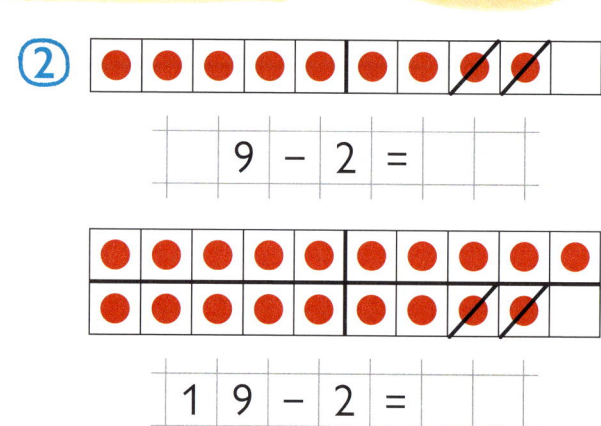

9 − 2 =

1 9 − 2 =

③
7 − 2 =
1 7 − 2 =

8 − 3 =
1 8 − 3 =

④
5 − 1 =
1 5 − 1 =

9 − 4 =
1 9 −   =

⑤
6 − 4 =
1 6 − 4 =

4 − 2 =
  −   =

⑥ Besondere Aufgaben

3 − 3 =
1 3 − 3 =

1 0 − 2 =
2 0 − 2 =

1 0 − 5 =
2 0 − 5 =

4 − 4 =
1 4 − 4 =

1 0 − 6 =
2 0 − 6 =

1 0 − 7 =
2 0 − 7 =

⑦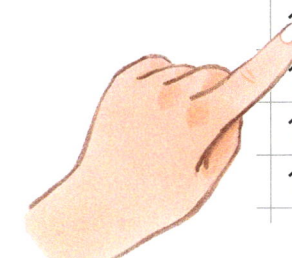

17 − 0 =   17 − 4 =
17 − 1 =   17 − 5 =
17 − 2 =   17 − 6 =
17 − 3 =   17 − 7 =

⑧ Rechne.

18 − 4 =   13 − 2 =   16 − 3 =
19 − 5 =   18 − 6 =   12 − 2 =
15 − 3 =   14 − 4 =   14 − 2 =
16 − 6 =   17 − 4 =   19 − 7 =

⑨ Super-Päckchen

16 − 1 =   18 − 9 =   19 − 0 =
16 − 2 =   18 − 8 =   19 − 2 =
16 − 3 =   18 − 7 =   19 − 4 =
16 −   =   18 −   =   19 −   =
  −   =   −   =   −   =
  −   =   −   =   −   =

⑩ Erfinde eigene Super-Päckchen.

18 − 3 =   20 −   =   16 −   =
  −   =   19 −   =   17 −   =
  −   =   −   =   −   =
  −   =   −   =   −   =
  −   =   −   =   −   =

7, 8 Im Kopf die passende Aufgabe im ersten Zehner berechnen, den Zehner erst beim Aufschrieb der Lösung berücksichtigen. 9 Wer das Muster versteht, braucht weniger zu rechnen.
10 Päckchen nach selbst erdachten Mustern fortsetzen.

Umkehraufgaben

①

5 + 3 = 8
8 − 3 = 5

☐ + 2 = ☐
☐ − 2 = ☐

☐ + ☐ = ☐
☐ − ☐ = ☐

② Von der Plusaufgabe zur Minusaufgabe

6 + 2 = ☐
☐ − ☐ = ☐

3 + 6 = ☐
☐ − ☐ = ☐

8 + 2 = ☐
☐ − ☐ = ☐

15 + 3 =
    − =

11 + 7 =
    − =

17 + 3 =
    − =

③ Von der Minusaufgabe zur Plusaufgabe

8 − 2 = ☐
☐ + ☐ = ☐

10 − 6 = ☐
☐ + ☐ = ☐

16 − 3 = ☐
☐ + ☐ = ☐

18 − 4 =
   + =

19 − 8 =
   + =

17 − 5 =
   + =

④
17 − 4 =
   + =

17 − 6 =
   + =

⑤
20 − ☐ = 18
   + =

20 − ☐ = 15
   + =

⑥
☐ + 4 = 15
   − =

☐ − 1 = 14
   + =

1–6 In der Umkehraufgabe wird vom Ergebnis aus die umgekehrte Operation mit der selben Zahl ausgeführt.

54

Plus und minus

① Verbinde.

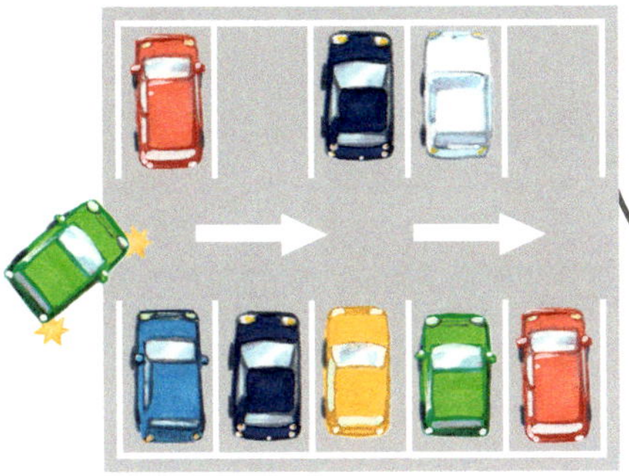

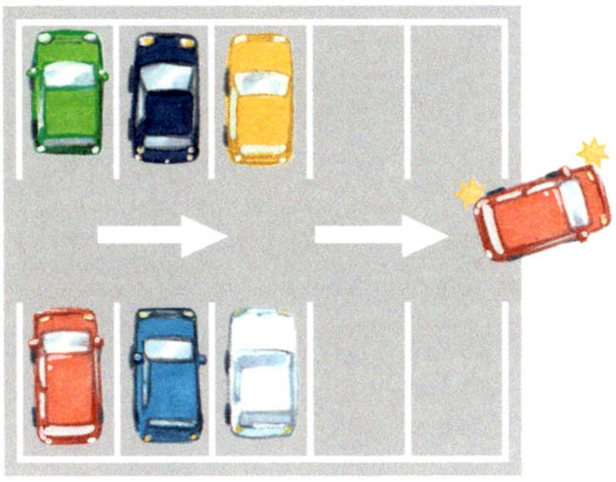

6 − 2 =

8 + 1 =

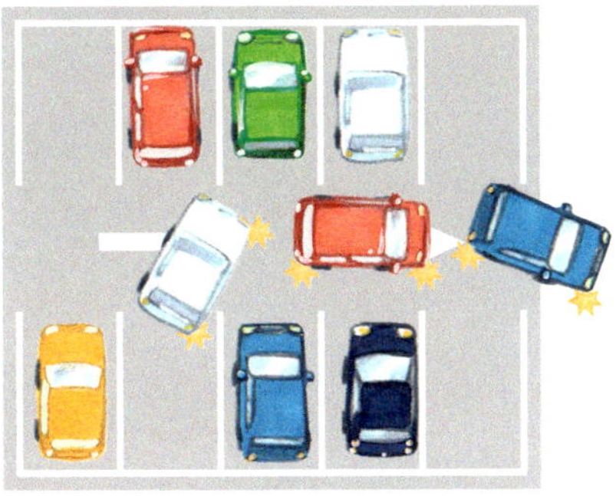

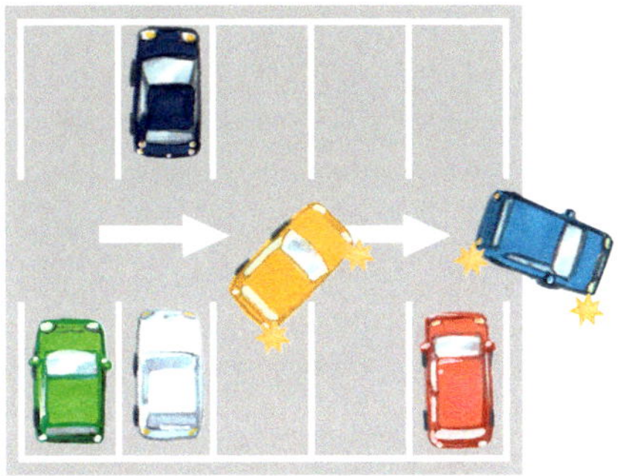

7 − 1 =

4 + 2 =

9 − 3 =

6 + 3 =

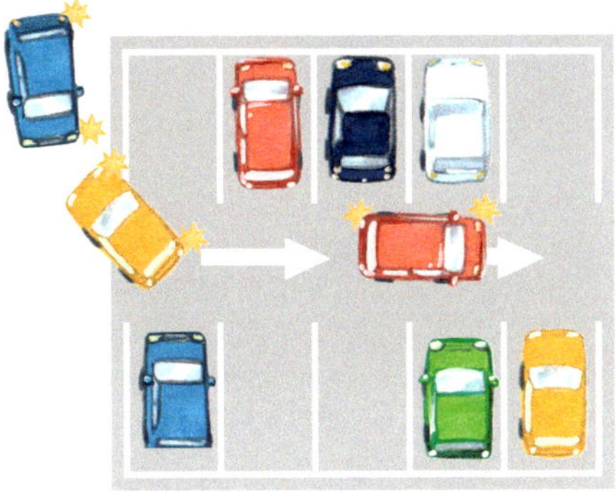

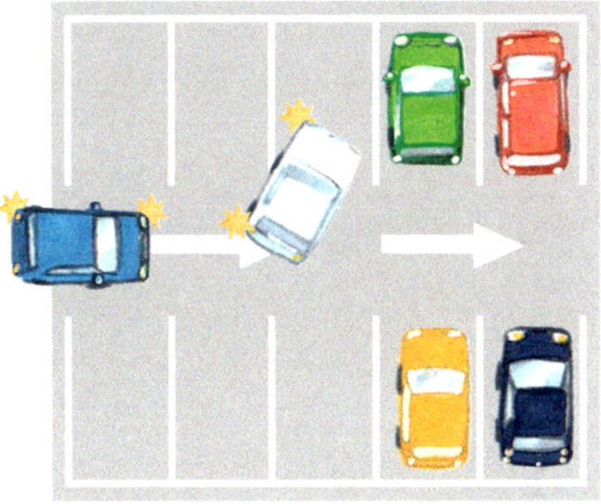

② Schreibe und rechne.

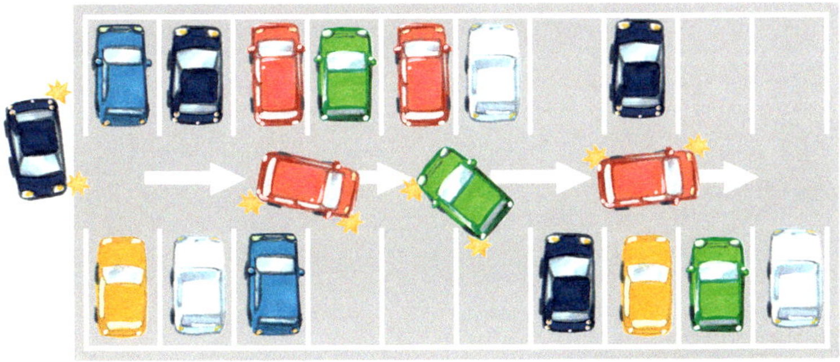

___ + ___ = ___

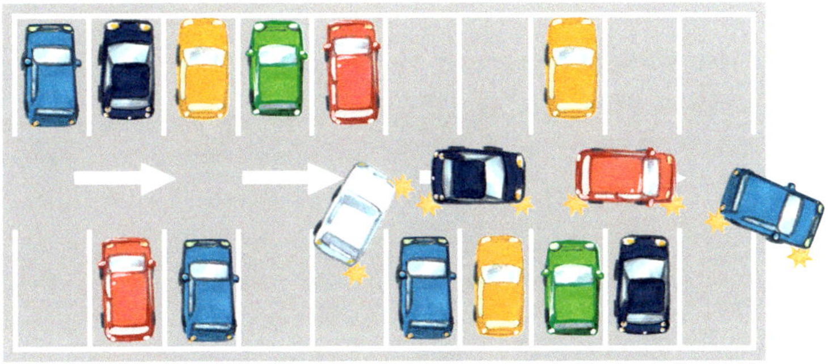

___ − ___ = ___

Das kann ich schon!

① Rechne.

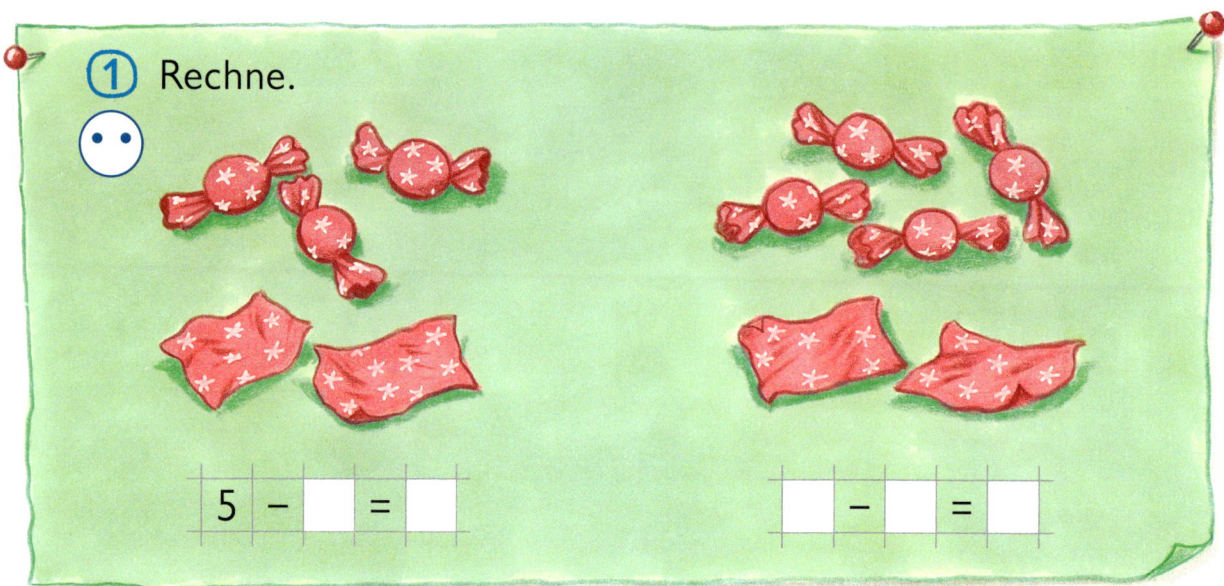

5 − ☐ = ☐   ☐ − ☐ = ☐

② Rechne.

Deine Aufgaben

7 − 1 = ☐   9 − 6 = ☐   ☐ − ☐ = ☐

7 − 2 = ☐   8 − 3 = ☐   ☐ − ☐ = ☐

7 − 4 = ☐   5 − 0 = ☐   ☐ − ☐ = ☐

③ Rechne. Wie geht es weiter?

Super-Päckchen, Lieblingspäckchen

3 − 2 =	1 9 − 3 =
4 − 2 =	1 8 − 3 =
5 − ☐ =	1 7 − ☐ =
☐ − ☐ =	☐ − ☐ =
☐ − ☐ =	☐ − ☐ =

④

Wie viele bleiben übrig?

19 − 1 =
19 − 2 =
19 − 3 =

19 − 4 =
19 − 5 =
19 − 6 =

⑤ Erst ➕, dann ➖

6 + 2 = ☐
☐ − 2 = ☐

14 + 5 = ☐
☐ − 5 = ☐

⑥ Erst ➖, dann ➕

7 − 3 = ☐
☐ + 3 = ☐

16 − 6 = ☐
☐ + 6 = ☐

⑦ Immer 7. Rechne.

9 − ☐ = 7
19 − ☐ = 7

8 − ☐ = 7
☐ − ☐ = 7

7 − ☐ = 7
☐ − ☐ = 7

⑧ Immer 10. Rechne.

14 − ☐ = 10
7 + ☐ = 10
15 − ☐ = 10
☐ + 2 = 10
10 + ☐ = 10
10 − ☐ = 10
☐ + 5 = 10
☐ − 3 = 10

Unser Geld – Cent

① Unsere Cent-Münzen

   10 Cent

 10 ct

_____   _____   _____   _____   _____

② Wie viel Cent?

_____ ct   _____ ct   _____ ct

③ Male.

14 ct   9 ct   20 ct

④ Was kann sein?   ⑩ ⑤ ② 17 ct

„Nimm immer 3."

1 Münzwerte eintragen. 2 Geldbeträge aufschreiben.
3 Geldbeträge durch Münzen darstellen.
4 Drei Münzen aus dem Vorrat wählen, sie aufmalen und den Gesamtbetrag aufschreiben.

Unser Geld – Euro

① Unsere Euro-Münzen und -Scheine

1 Euro

1 €   _____   _____   _____   _____

② Wie viel Euro?

_____ €   _____ €   _____ €

③ Male.

20 €   20 €   20 €

④ Was kann sein?

       17 €

Nimm immer 3.

1 Geldwerte eintragen. 2 Geldbeträge aufschreiben.
3 Geldbeträge durch Scheine/Münzen darstellen.
4 Drei Scheine/Münzen aus dem Vorrat wählen, sie aufmalen und den Gesamtbetrag aufschreiben.

Kinderflohmarkt

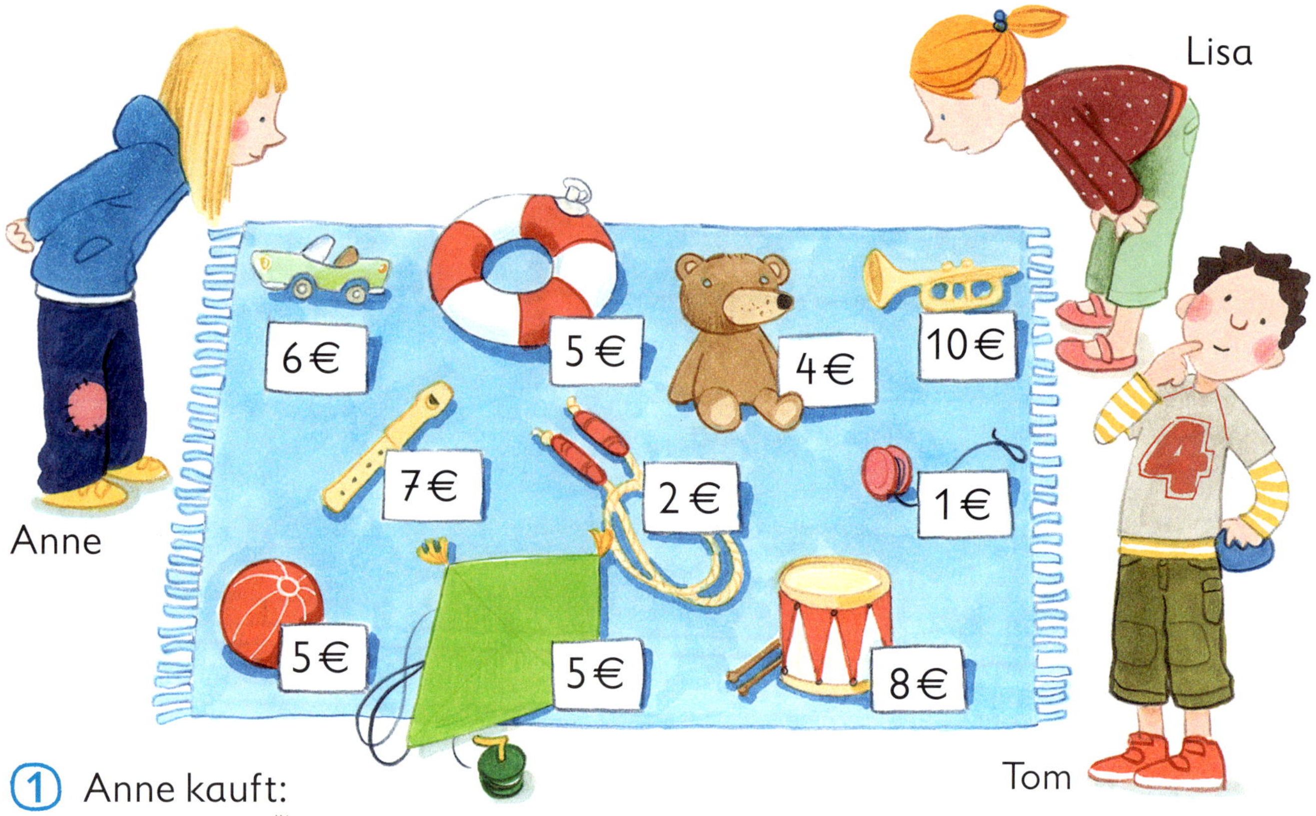

① Anne kauft:

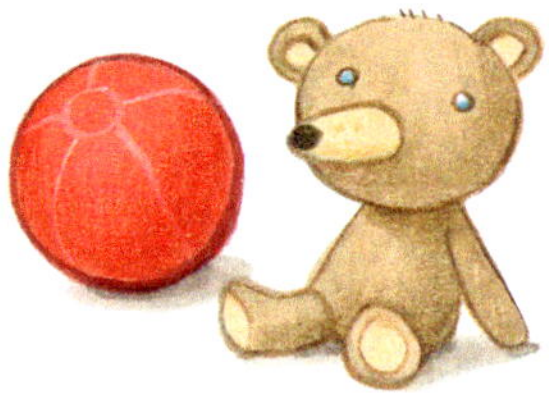

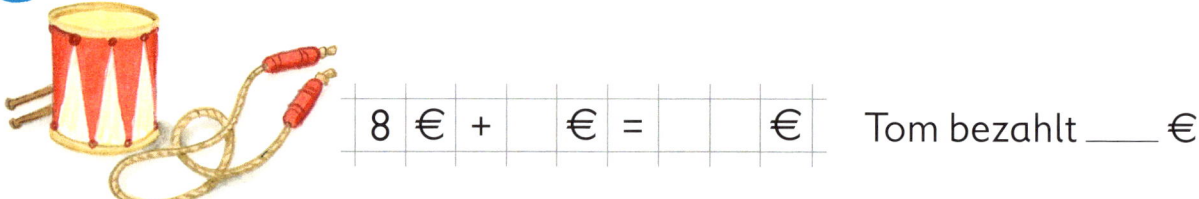

5 € + 4 € = ___ €

Anne bezahlt ___ €.

② Tom kauft:

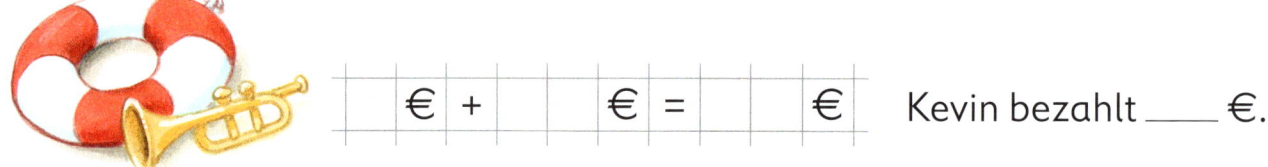

8 € + ___ € = ___ €

Tom bezahlt ___ €.

③ Kevin kauft:

___ € + ___ € = ___ €

Kevin bezahlt ___ €.

④ Lisa kauft:

___ + ___ = ___

Lisa bezahlt ___ €.

Fü: Sachunterricht / Umgang mit Geld
Situation besprechen. 1–4 Preise für die Einkäufe aus dem Angebot (siehe Bild) ablesen. Rechnung notieren. Summe eintragen.

E ▸ 29 AH ▸ 40 A ▸ 29

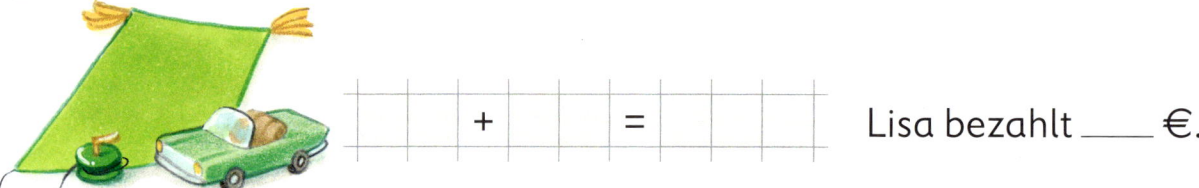

⑤ Noah kauft: Noah gibt ___ €.   Noah bekommt ___ € zurück.

| 5 | € | + | 4 | € | = | | € |

| | € | − | | € | = | | € |

⑥ Lina kauft: Lina gibt ___ €.   Lina bekommt ___ € zurück.

| | € | + | | € | = | | € |

| | € | − | | € | = | | € |

⑦ Tom hat ___ €.   Tom kauft: Tom hat noch ___ €.

| | € | + | | € | = | | € |

⑧ Lisa hat ___ €.   Lisa kauft: Lisa hat noch ___ €.

| | € | + | | € | = | | € |

⑨ Ich kaufe 3 Teile.

Super M hat noch ___ €.

5–8 Preis für den Einkauf und Restgeld bei der Bezahlung berechnen.
9 Eigene Bildaufgabe malen, passende Aufgabe schreiben, Restgeld angeben.

Geometrische Grundformen

① Verbinde und male an.

② Male in der passenden Farbe an.

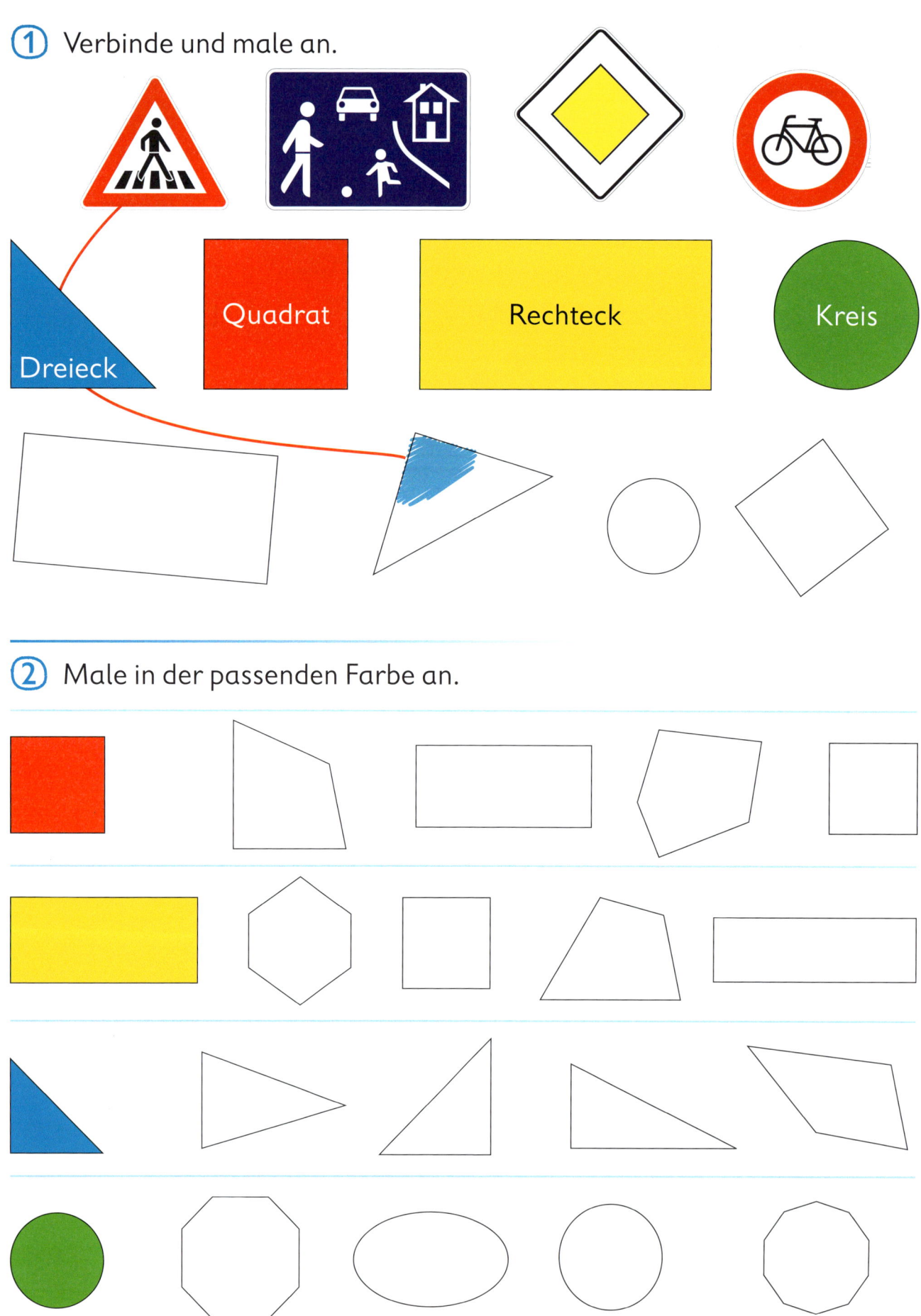

Mit Formen malen und basteln

① Formentrolle
Welche Formen haben die Kinder benutzt? Erzähle.

② Umfahre die Formen auf dem Bild.
Welche Formen kommen vor? Male sie an.

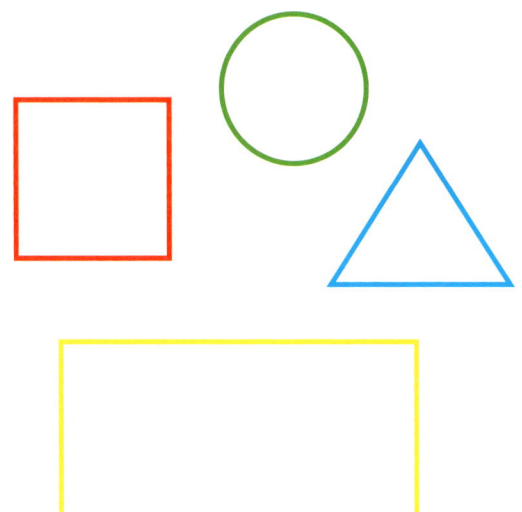

③ Welche Formen wurden benutzt? Male sie auf.

Mit Formen legen

Lege nach.

① HAUS

② SCHULE

③ TOR

64

1–3 Figuren beschreiben, geometrische Bezeichnungen anwenden, Beziehungen der Formen und Farben beschreiben, nachlegen und eigene Bilder legen.

E▶31 AH▶42 A▶31

Lege die Figuren ganz aus.
Finde Namen.

Ordnungszahlen

① Verbinde mit dem richtigen Platz.

| 1. | 2. | 3. | 4. | 5. |

② Nacheinander aufstehen. Ordne die Bilder.

 1. Bild

 ☐. Bild

 ☐. Bild

 ☐. Bild

☐. Bild

③ Wie wurde gelegt? Male.

| 1. | 2. | 3. | 4. | 5. | 6. | 7. |

④ Wie hebst du ab? Male.

| 1. | 2. | 3. | 4. | 5. | 6. | 7. |

Fü: Sport / Reihenfolgen; 1 Die Kinder den erreichten Plätzen zuordnen.
2 Von Bild zu Bild steht ein weiteres Kind auf. Für die Reihenfolge der Bilder Ordnungszahlen eintragen.
3, 4 Reihenfolge für das Legen (Abheben) aus dem Bild ablesen. Die nummerierten Felder entsprechend anmalen.

Knobelaufgaben

① 5 Teile, lege aus. Male auf.

② 5 Teile, geht das auch beim Rechteck? Male auf.

③ Immer fünf Münzen, zusammen 12 Cent.
Finde verschiedene Lösungen.

12 ct		
12 ct		
12 ct		
12 ct		

1, 2 Formenplättchen benutzen.
3 Werte für die Münzen in den Geldbörsen so wählen, dass sie in der Summe 12 ct ergeben.

E▶32 A▶32

Verdoppeln

① Verdopple. Lege, male und schreibe.

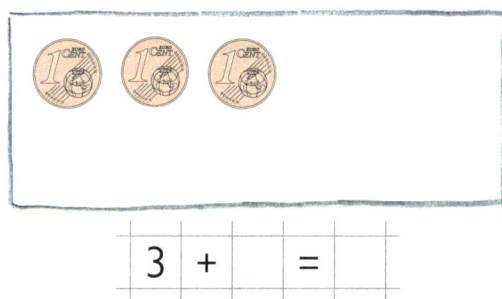

3 + ☐ = ☐

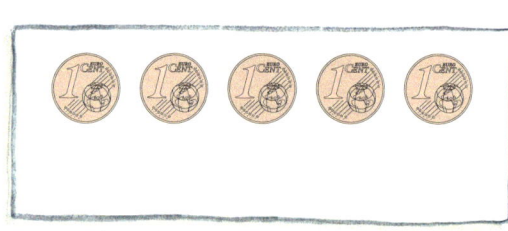

5 + ☐ = ☐

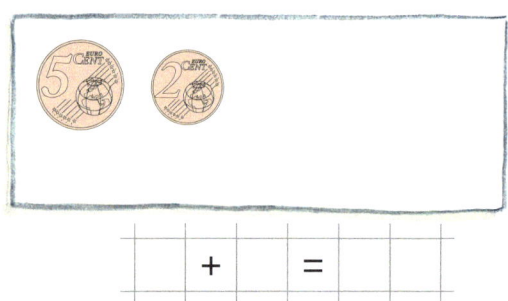

☐ + ☐ = ☐

☐ + ☐ = ☐

Verdoppeln geht immer.

② Verdopple.

2 + 2 = ☐

3 + ☐ = ☐

4 + ☐ = ☐

5 + 5 = ☐

☐ + 6 = 1 2

☐ + ☐ = ☐

③ Schreibe.

Zahl	1	2	3	4	5	6	7	8	9	10
das Doppelte			6							

Bildsituation besprechen, Begriffsbildung: Verdoppeln bedeutet, das Gleiche noch einmal hinzufügen.
1 Eine zweite Münzreihe legen/malen, die zugehörige Gleichung schreiben.
2 Aufgabenserie vervollständigen. 3 Tabelle ausfüllen.

Halbieren

① Halbiere und schreibe.

Für jeden die Hälfte:

Für jeden die Hälfte:

Für jeden die Hälfte:

Für jeden die Hälfte:

② Halbiere.

4 = 2 + 2   1 0 = 5 + 5

6 = 3 +   1 2 = 6 +

  =   +   =   +

Halbieren geht nicht immer.

③ Welche Zahlen kannst du halbieren? Male sie blau an.

Zahl	1	2	3	4	5	6	7	8	9	10	11	12	13	14	15
die Hälfte		1		2		3									

Bildsituation besprechen, Begriffsbildung: Halbieren als Gegenteil des Verdoppelns verstehen, zwei Hälften erzeugen. **1** Eine Trennlinie einfügen, entsprechende Geldwerte notieren. **2** Aufgabenserie vervollständigen. **3** Tabelle ausfüllen.

E▶33 AH▶44 A▶33

Gerade und ungerade Zahlen

① Wie geht es weiter? Male die Punktefelder.
Male die Felder auf dem Zahlenband an.

ungerade Zahlen

gerade Zahlen

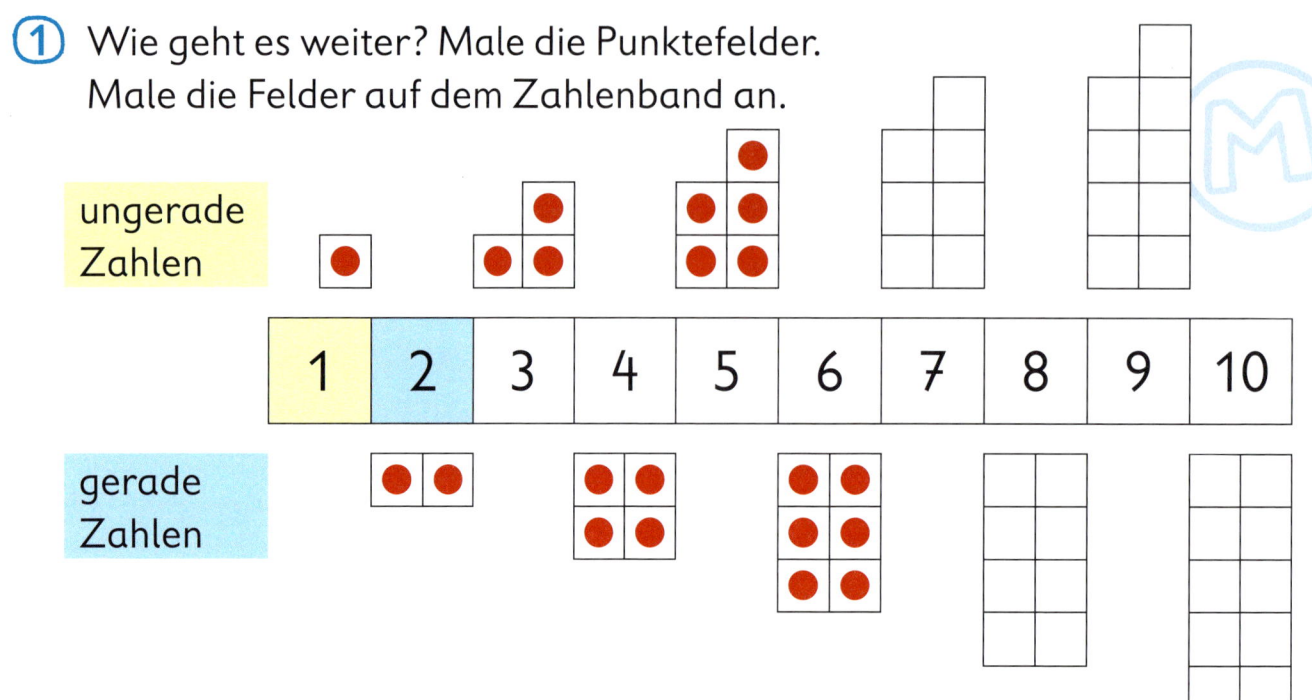

② Hausnummern
Was fällt dir auf? Wie geht es weiter? Trage ein.

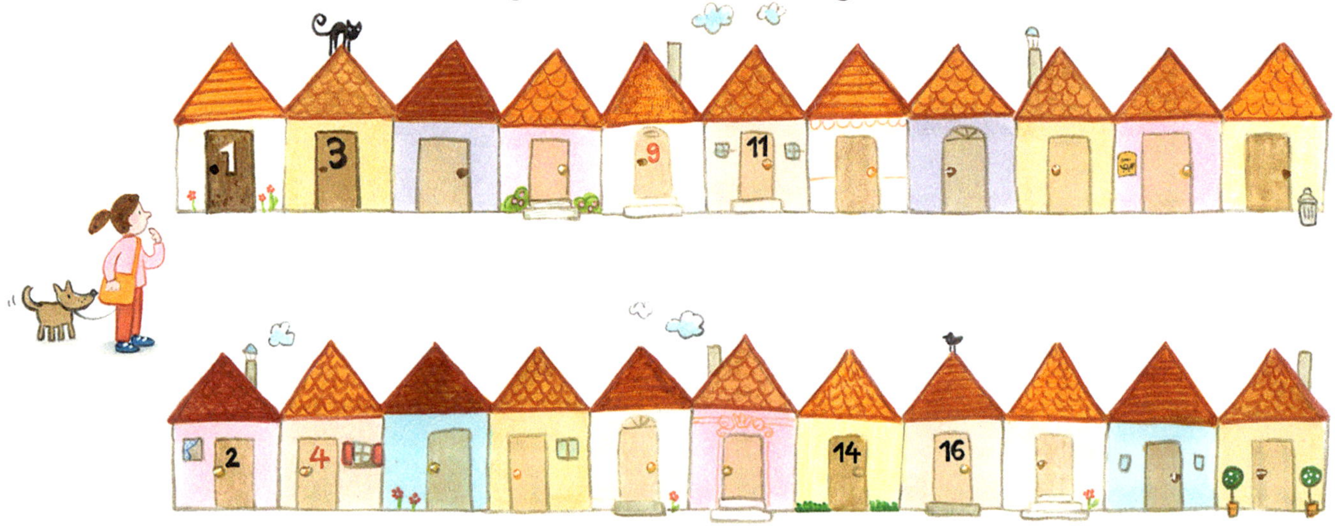

③ Hausnummern linke Seite   Hausnummern rechte Seite

1	2	3	4	5	6	7	8	9	10	11	12	13	14	15	16	17	18	19	20

ungerade Zahlen:

	1			3									
1	1												

gerade Zahlen:

	2												
1	2												

Hausnummern in der Umwelt fotografieren und damit ein Plakat gestalten.
2 Hausnummern nach Straßenseiten eintragen. 3 Hausnummern nach Straßenseiten getrennt einfärben, ungerade und gerade Zahlen aufschreiben.

E▸34 AH▸45 A▸34

Zusammen 14, eine gerade Zahl.
Was kann sein?

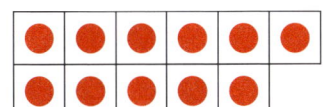

④
1	2	+			=	1	4
	1	0	+			=	1	4
		8	+			=	1	4
			+			=	1	4
			+			=		

Mir fällt auf …

⑤
1	3	+			=	1	4
1	1	+			=	1	4
		+			=	1	4
		+			=	1	4
		+			=		

Zusammen 11, eine ungerade Zahl.

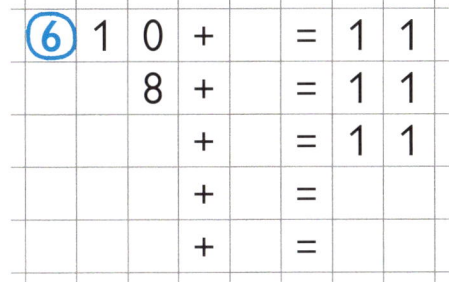

⑥
1	0	+		=	1	1
	8	+		=	1	1
		+		=	1	1
		+		=		
		+		=		

Hier fällt auf …

⑦
9	+		=	1	1
7	+		=	1	1
	+		=	1	1
	+		=		
	+		=		

Besondere Aufgaben geschickt rechnen.

⑧ Ich rechne: 4 + 4 + 1

⑨ Achte auf die Endziffer.

⑩ Nur gerade Zahlen lassen sich halbieren.

4	+	5	=	
5	+	6	=	
6	+	7	=	
	+		=	
	+		=	

9	+	3	=	1	2
9	+	5	=		
9	+	7	=		
9	+		=		
9	+		=		

4	=	2	+	2
6	=	3	+	
8	=		+	
	=		+	
	=		+	

4–7 Aufgaben fortschreiben und lösen.
Herausfinden, welche Summanden eine gerade
und welche eine ungerade Summe bilden.

Rechenkonferenz – Addieren

8 + 6

Anna

8 + 6

Ich fülle immer den Zehner auf.

8	+	6	=	1	4
8	+	2	=	1	0
1	0	+	4	=	1	4

Timo

8 + 8 = 16
16 − 2 = 14

Lea

8 + 6
7 + 7 = 14

Noah

Ich rechne mit Geld:
8 + 6 = 14

Kevin

① Rechne wie Anna und Timo. Male und schreibe.

7 + 5 =

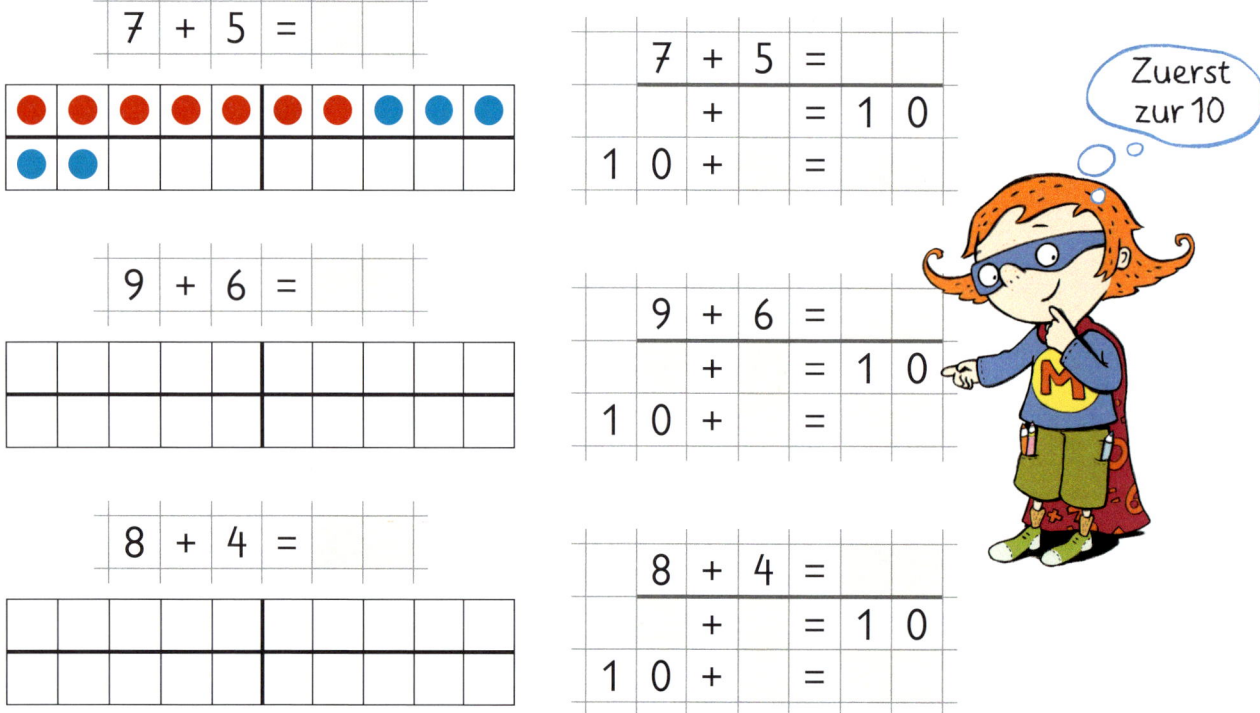

9 + 6 =

8 + 4 =

7	+	5	=		
		+		=	1	0
1	0	+		=		

9	+	6	=		
		+		=	1	0
1	0	+		=		

8	+	4	=		
		+		=	1	0
1	0	+		=		

Zuerst zur 10

Rechenwege vergleichen und einen eigenen Rechenweg begründet auswählen und notieren.

②

8	+	7	=	1	5
8	+	2	=	1	0
1	0	+	5	=	1	5

7	+	4	=		
		+		=	1	0
1	0	+		=		

6	+	7	=		
		+		=	1	0
1	0	+		=		

6	+	8	=	
	+		=	
	+		=	

8	+	9	=	
	+		=	
	+		=	

6	+	5	=	
	+		=	
	+		=	

③ Zeige, wie du rechnest.

5 + 6 =   8 + 5 =   7 + 6 =

9 + 7 =   4 + 9 =   5 + 7 =

Legen und rechnen mit Geld hilft.

④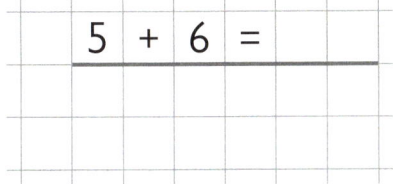

8 + 4 =
9 + 3 =
5 + 7 =

⑤

5 + 8 =
4 + 9 =
7 + 6 =

⑥
8 + 2 =
8 + 3 =
8 + 4 =
8 + 5 =

⑦
9 + 6 =
8 + 6 =
7 + 6 =
6 + 6 =

⑧
5 + 9 =
6 + 8 =
7 + 7 =
8 + 6 =

2 Zu jeder Aufgabe den vorgegebenen Rechenweg notieren. 3 Zu jeder Aufgabe den eigenen Rechenweg auswählen und notieren. 4–5 Die Aufgaben mit Geld legen und rechnen. 6, 7 Super-Päckchen. Rechnen ohne Aufschreiben des Rechenweges.

Addieren auf verschiedenen Wegen

① Zuerst zur 10. Rechne.

5 + 6 =   7 + 8 =   8 + 6 =

7 + 9 =   9 + 3 =   5 + 7 =

6 + 6 =   2 + 9 =   9 + 9 =

11 11 12 12 12 14 14 15 16 18

② Verdoppeln hilft.

5 + 7 =   7 + 9 =
6 + 6 =   8 +   =

4 + 6 =   8 + 6 =
  +   =   +   =

③ Finde die Verdopplung.

6 + 7 =   2 + 3 =   4 + 5 =
7 + 7 =   +   =   +   =
8 + 7 =   4 + 3 =   6 + 5 =

3 + 4 =   5 + 6 =   7 + 8 =
  +   =   +   =   +   =
5 + 4 =   7 + 6 =   9 + 8 =

1 Die Aufgaben in zwei Schritten rechnen und dabei im ersten Schritt bis 10 rechnen.
2 Zu jeder Aufgabe eine passende Aufgabe mit zwei gleichen Summanden finden und aufschreiben.
3 Die passende Verdopplungsaufgabe aufschreiben und zuerst ausrechnen.

④ Lege und rechne mit Geld.

| 6 + 5 = |
| 6 + 6 = |
| 6 + 7 = |
| 6 + 8 = |
| 6 + 9 = |

| 8 + 5 = |
| 8 + 6 = |
| 8 + 7 = |
| 8 +   = |
| 8 +   = |

⑤ Zusammen 18 ct
Was kann sein? Finde eigene Aufgaben.

| 1 0 + 8 = 1 8 |
| 1 2 +   = 1 8 |
| +   = 1 8 |
| +   = 1 8 |
| +   = 1 8 |

| +   = 1 8 |
| +   = 1 8 |
| +   = 1 8 |
| +   = 1 8 |
| +   = 1 8 |

Rechne.

⑥
7 + 4 =
7 + 5 =
7 + 6 =
7 +   =
7 +   =

⑦
6 + 9 =
6 + 8 =
6 + 7 =
6 +   =
6 +   =

⑧
9 + 8 =
7 + 8 =
5 +   =
3 +   =
1 +   =

Rechne.

⑨
4 + 4 =
5 + 5 =
6 + 6 =
7 + 7 =
8 + 8 =

⑩
6 + 5 =
9 + 2 =
3 + 8 =
7 + 4 =
5 + 6 =

⑪
8 + 9 =
9 + 7 =
7 + 8 =
8 + 6 =
6 + 7 =

8 10 11 11 11 11 11 12 13 14 14 15 15 16 16 17

5 Möglichst viele verschiedene Zerlegungen finden.
6–8 Das Muster beim Lösen nutzen.
9–11 Lösungen mit Hilfe der blauen Lösungszahlen überprüfen.

Übungen zum Addieren mit Zehnerübergang

① Über den Zehner

8 + =   8 + =   8 + =

② 7 + 9 =
7 + 8 =
7 + 7 =
7 + 6 =
7 + 5 =

③ 3 + 9 =
3 + 8 =
3 + 7 =
3 + 6 =
3 + 5 =

④ 5 + 9 =
5 + 8 =
5 + 7 =
5 + 6 =
5 + 5 =

⑤ 7 + 9 =
5 + 9 =
8 + 9 =
9 + 9 =
6 + 9 =
4 + 9 =

Rechne geschickt:
7 + 9
7 + 10 − 1

⑥ 6 + 8 =
5 + 8 =
7 + 8 =
8 + 8 =
3 + 8 =
4 + 8 =

6 + 6 − 1

⑦ 5 + 6 =
6 + 7 =
5 + 7 =
9 + 8 =
10 + 9 =

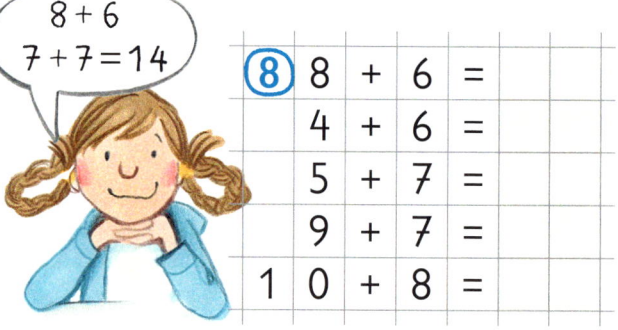

8 + 6
7 + 7 = 14

⑧ 8 + 6 =
4 + 6 =
5 + 7 =
9 + 7 =
10 + 8 =

Wie rechnest du?

⑨ 9 + 6 =
7 + 5 =
4 + 9 =
6 + 7 =
8 + 9 =

⑩ 6 + 8 =
8 + 7 =
4 + 8 =
7 + 6 =
10 + 9 =

⑪ 6 + 5 =
2 + 9 =
8 + 3 =
3 + 9 =
9 + 5 =

1–4 Aufgaben durch Legen im Zwanzigerfeld lösen. 5–6 Den Tipp beim Rechnen verwenden.
7–8 Die vorgestellten Rechenwege nach eigener Entscheidung anwenden.
9–11 Selbst gewählte Rechenstrategien für den Zehnerübergang anwenden.

12 Rechne geschickt.

Schau hin, super einfach: 6 + 8 + 4 = ___

| 7 + 9 + 1 = |
| 5 + 6 + 4 = |
| 8 + 2 + 9 = |

| 6 + 8 + 4 = |
| 7 + 5 + 3 = |
| 8 + 6 + 2 = |

| 5 + 4 + 5 = |
| 3 + 1 + 7 = |
| 2 + 8 + 2 = |

13 Was fällt dir auf?

| 3 + 9 = |
| 4 + 8 = |
| 5 + 7 = |
| ___ + ___ = |

| 4 + 9 = |
| 5 + 8 = |
| 6 + ___ = |
| ___ + ___ = |

| 4 + ___ = 7 |
| 6 + ___ = 8 |
| 8 + ___ = ___ |
| 10 + ___ = ___ |

14 Ergänze.

| 8 + ___ = 13 |
| 5 + ___ = 13 |
| 9 + ___ = 13 |
| 7 + ___ = 13 |

| 6 + ___ = 14 |
| 7 + ___ = 14 |
| 5 + ___ = 14 |
| 8 + ___ = 14 |

| 8 + ___ = 15 |
| 9 + ___ = 15 |
| 7 + ___ = 15 |
| 6 + ___ = 15 |

15 Setze ein.

 +

(gelb: 4 5 8 6 7 9) + (grün: 9 6 8 5 7)

ist kleiner als	ist gleich	ist größer als
___ + ___ < 14	___ + ___ = 14	___ + ___ > 14
___ + ___ < 14	___ + ___ = 14	___ + ___ > 14
___ + ___ < 14	___ + ___ = 14	___ + ___ > 14
___ + ___ < 14	___ + ___ = 14	___ + ___ > 14
___ + ___ < 14	___ + ___ = 14	___ + ___ > 14

12 Die Vertauschbarkeit der Summanden nutzen. **13** Die regelmäßige Veränderung des 1. und 2. Summanden beim Lösen nutzen. **14** Ergänzen mit Zehnerübergang üben. **15** Passende Zahlenpaare für die (Un-)Gleichungen finden.

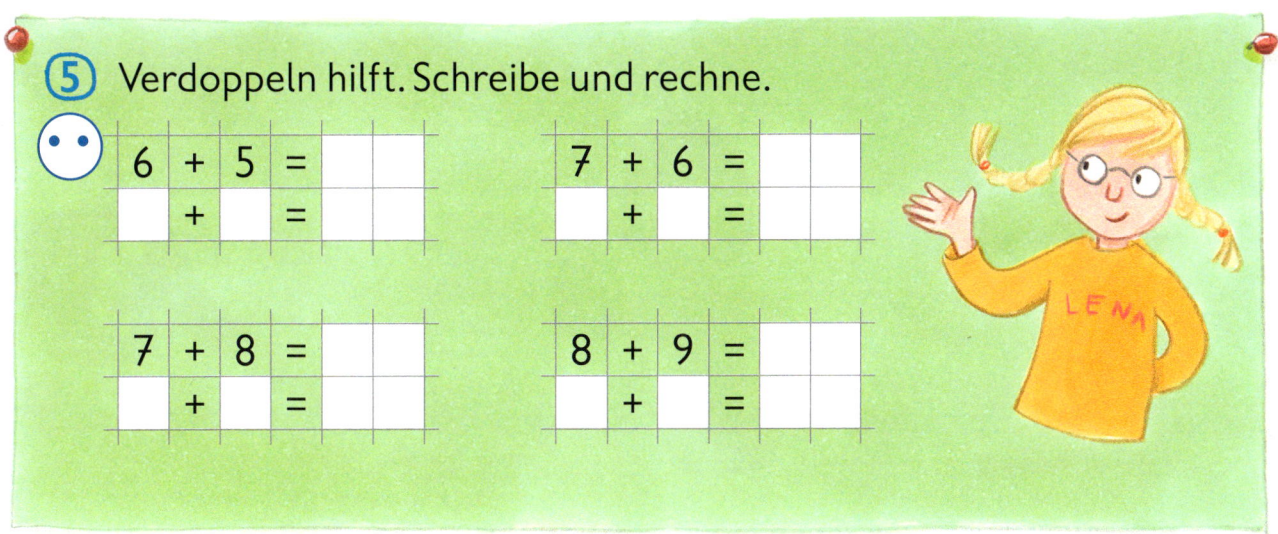

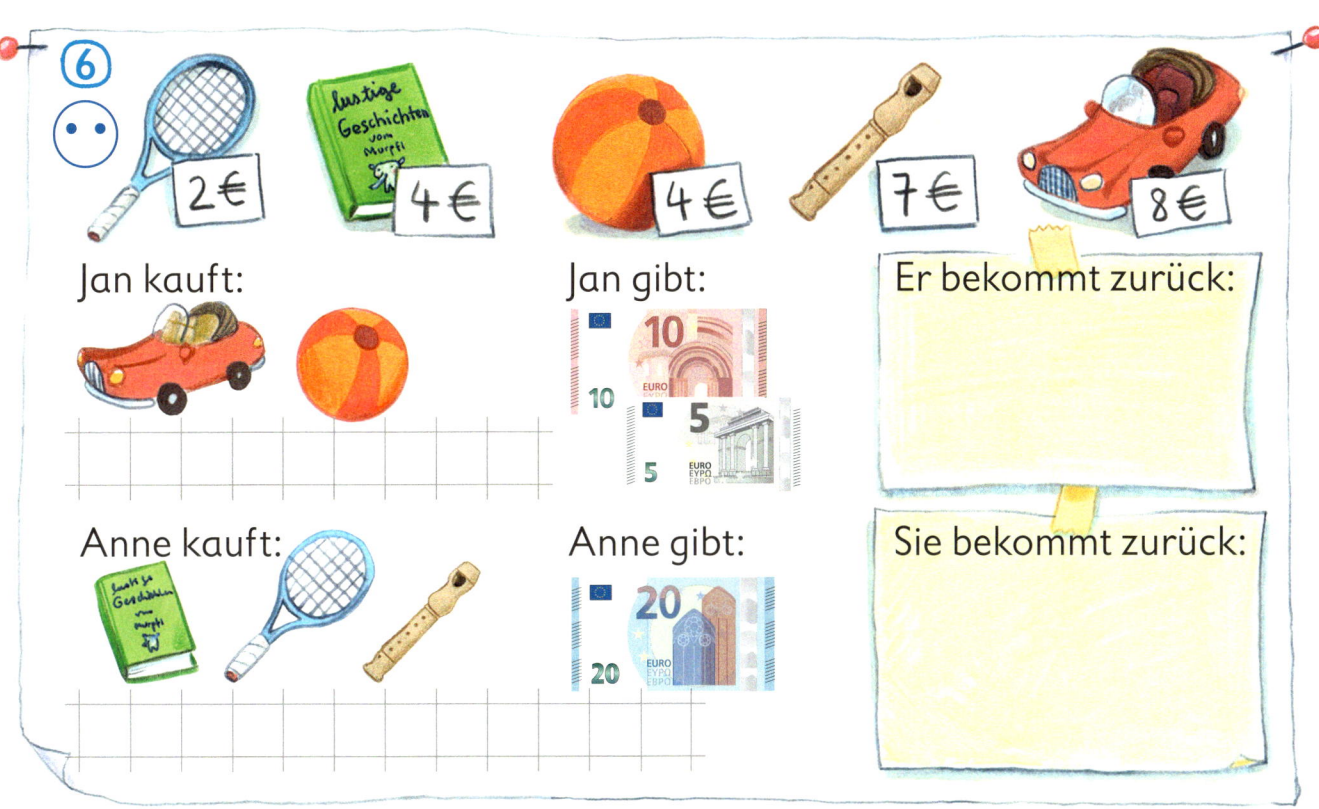

Rechenkonferenz – Subtrahieren

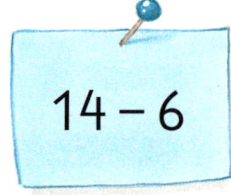

14 − 6

Anna

14 − 6

Zwei Schritte, immer zuerst zur 10

1	4	−	6	=		8
1	4	−	4	=	1	0
1	0	−	2	=		8

Timo

Von 6 bis 14 sind es 8.

14 − 7 = 7
14 − 6 = 8

Lea   Noah

gleich 8

Kevin

① Rechne wie Anna und Timo. Male und schreibe.

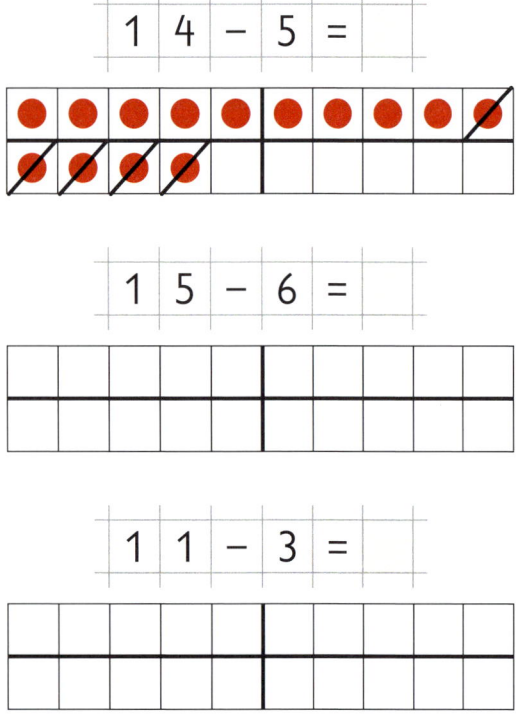

14 − 5 =

15 − 6 =

11 − 3 =

1	4	−	5	=		
		−		=	1	0
1	0	−		=		

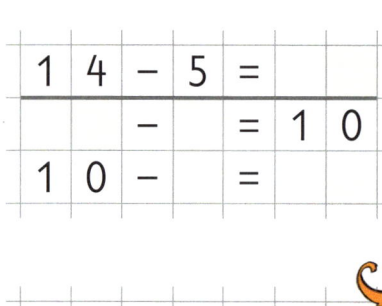

Zuerst zur 10

1	5	−	6	=		
		−		=	1	0
1	0	−		=		

1	1	−	3	=		
		−		=	1	0
1	0	−		=		

Rechenwege vergleichen und einen eigenen Rechenweg begründet auswählen und notieren.

② Rechne.

| 1 3 − 6 = 7 |
| 1 3 − 3 = 1 0 |
| 1 0 − 3 = 7 |

| 1 1 − 4 = |
| − = 1 0 |
| 1 0 − = |

| 1 2 − 6 = |
| − = 1 0 |
| 1 0 − = |

| 1 5 − 7 = |
| 1 5 − = 1 0 |
| 1 0 − = |

| 1 4 − 9 = |
| − = 1 0 |
| 1 0 − = |

| 1 6 − 8 = |
| − = 1 0 |
| 1 0 − = |

③ Zeige, wie du rechnest.

1 3 − 5 =

1 2 − 3 =

1 4 − 7 =

1 3 − 7 =

1 1 − 5 =

1 4 − 8 =

Legen und rechnen mit Geld hilft.

④

1 5 − 6 =
1 5 − 7 =
1 5 − 8 =
1 5 − 9 =

⑤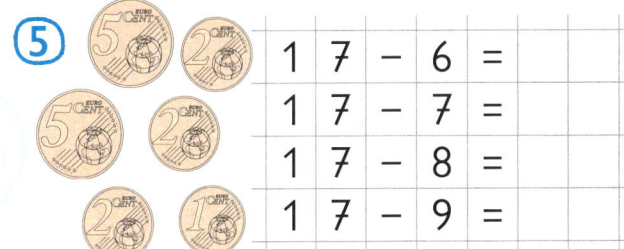

1 7 − 6 =
1 7 − 7 =
1 7 − 8 =
1 7 − 9 =

⑥
| 1 4 − = |
| 1 5 − 6 = |
| 1 6 − 7 = |
| − 8 = |
| − = |

⑦
| 1 2 − 1 = |
| 1 2 − = |
| 1 2 − 5 = |
| 1 2 − 7 = |
| − 9 = |

⑧
| 1 7 − 3 = |
| 1 6 − 5 = |
| 1 5 − 7 = |
| 1 4 − = |
| − = |

2 Zu jeder Aufgabe den vorgegebenen Rechenweg notieren.
3 Zu jeder Aufgabe den eigenen Rechenweg auswählen und notieren.
4–5 Die Aufgaben mit Geld legen und rechnen. 6–8 Rechnen ohne Aufschreiben des Rechenweges.

Subtrahieren auf verschiedenen Wegen

① Rechne in zwei Schritten.

| 11 − 3 = |
| − = 10 |
| 10 − = |

| 13 − 5 = |
| − = 10 |
| 10 − = |

| 12 − 4 = |
| − = 10 |
| 10 − = |

13 − 6 =

14 − 5 =

15 − 7 =

14 − 8 =

17 − 8 =

16 − 9 =

13 − 4 =

12 − 8 =

11 − 5 =

"Minus 10 ist ganz einfach."

17 − 9
17 − 10 + 1

②
16 − 9 =
12 − 9 =
15 − 9 =
18 − 9 =
17 − 9 =

③
14 − 8 =
11 − 8 =
16 − 8 =
13 − 8 =
15 − 8 =

Rechne geschickt.

④
11 − 6 =
12 − =
13 − 6 =

13 − 7 =
14 − =
15 − 7 =

12 − 6 = 6

⑤
15 − 8 =
− =
17 − =

17 − 9 =
− =
19 − =

1 Im ersten Schritt bis zur 10 rechnen. 2–3 Den vorgestellten Rechenweg im Kopf nutzen. 4–5 Den vorgeschlagenen Rechenweg nutzen und von der Lösung der mittleren Aufgabe auf die Lösungen für die obere und untere Aufgabe schließen.

6 Lege und rechne mit Geld.

1	2	–	3	=	
1	2	–	4	=	
1	2	–	5	=	
1	2	–	6	=	
1	2	–	7	=	

1	3	–	9	=	
1	3	–	8	=	
1	3	–	7	=	
1	3	–	6	=	
1	3	–	5	=	

7 Immer 5 ct Unterschied
Was kann sein? Finde eigene Aufgaben.

1	1	–		=	5
1	4	–		=	5
		–		=	5
		–		=	5
		–		=	5

		–		=	
		–		=	
		–		=	
		–		=	
		–		=	

Rechne.

8
1 5 – 7 =
1 1 – 3 =
1 6 – 8 =
1 7 – 8 =
1 3 – 6 =

9
1 6 – 7 =
1 4 – 6 =
1 3 – 4 =
1 5 – 6 =
1 4 – 8 =

10
1 2 – 5 =
1 5 – 8 =
1 4 – 7 =
1 7 – 9 =
1 2 – 7 =

5 6 7 7 7 7 8 8 8 8 8 9 9 9 9 9

Rechne.

11
1 0 –   = 8
1 0 –   = 5
1 0 –   = 7
1 0 –   = 6
1 0 –   = 2

12
1 2 –   = 5
1 1 –   = 7
1 4 –   = 9
1 3 –   = 4
1 6 –   = 9

13
1 4 –   = 5
1 6 –   = 8
1 3 –   = 7
1 1 –   = 3
1 5 –   = 8

2 3 4 4 5 5 6 7 7 7 7 8 8 8 9 9

8–13 Lösungen mit Hilfe der blauen Lösungszahlen überprüfen.
Eigene Aufgaben erfinden und dazu eine Portfolioseite gestalten.

Übungen zum Subtrahieren mit Zehnerübergang

① Super-Päckchen – super einfach.

12 – ␣ = ␣   12 – ␣ = ␣   12 – ␣ = ␣

②
11 – 3 =
11 – 4 =
11 – 5 =
11 – 6 =
11 – 7 =

③
13 – 4 =
13 – 5 =
13 – ␣ =
␣ – ␣ =
␣ – ␣ =

④
14 – 9 =
14 – 8 =
14 – ␣ =
␣ – ␣ =
␣ – ␣ =

⑤ Zeige, wie du rechnest.

12 – 6 =   15 – 8 =   13 – 4 =

16 – 7 =   17 – 9 =   15 – 6 =

⑥ Schreibe passende Aufgaben.

␣ – ␣ = 8
␣ – ␣ = 8
␣ – ␣ = 8

␣ – ␣ = 5
␣ – ␣ = 5
␣ – ␣ = 5

␣ – ␣ = 7
␣ – ␣ = 7
␣ – ␣ = 7

Rechne.

⑦
13 – 5 =
15 – 7 =
14 – 9 =

⑧
17 – 9 =
12 – 6 =
16 – 8 =

⑨
14 – 6 =
11 – 4 =
15 – 9 =

84

1 Aufbau eines Super-Päckchens mit Hilfe der Veranschaulichung nachvollziehen und die Aufgabenfolge notieren. 2–4 Aufgaben durch Legen im Zwanzigerfeld lösen. 5–9 Eigene Rechenwege verwenden.

10 Rechne geschickt.

| 1 | 1 | – | 4 | – | 1 | = | 6 |
| 1 | 1 | – | 1 | – | 4 | = | 6 |

| 1 | 2 | – | 4 | – | 6 | = | 2 |
| 1 | 2 | – | | 1 | 0 | = | 2 |

„Schau genau hin."

1	2	–	4	–	2	=
1	5	–	8	–	5	=
1	3	–	6	–	4	=
1	6	–	8	–	2	=
1	4	–	5	–	4	=
1	5	–	7	–	3	=

„Ich decke ab und sehe die Lösung."

⑪

1	2	–	5	=
1	2	–	3	=
1	2	–	7	=
1	2	–	9	=

⑫

1	5	–	8	=
1	5	–	6	=
1	5	–	9	=
1	5	–	7	=

Rechne.

⑬

1	2	–	4	=
1	2	–	5	=
1	2	–	6	=
1	2	–	7	=
1	2	–	8	=

⑭

1	4	–	5	=
1	4	–	6	=
1	4	–	7	=
1	4	–	8	=
1	4	–	9	=

⑮

1	3	–	7	=
1	3	–	6	=
1	3	–	5	=
1	3	–	4	=
1	3	–	3	=

⑯ Setze ein.

   –

11 12 14
  13 15

4 6 8
  5 7

☐	–	☐	<	7
☐	–	☐	<	7
☐	–	☐	<	7

☐	–	☐	=	8
☐	–	☐	=	8
☐	–	☐	=	8

☐	–	☐	>	6
☐	–	☐	>	6
☐	–	☐	>	6

10 Geschicktes Rechnen. **11–12** Mit Geldmünzen Aufgaben geschickt lösen.
13–15 Die regelmäßige Veränderung in der Abfolge der Subtraktionsaufgaben beim Lösen nutzen.
16 Passende Zahlenpaare für die (Un-)Gleichungen finden.

E▶41 AH▶51 A▶41

Addieren und Subtrahieren üben

①

5 + 3 + 6 = 14   5 + ☐ + ☐ = 14

② Zusammen 13
Finde alle Aufgaben.

3	+		+		=	1	3
3	+		+		=	1	3
3	+		+		=	1	3

③ Zusammen 11
Finde verschiedene Aufgaben.

	+		+		=	1	1
	+		+		=	1	1
	+		+		=	1	1

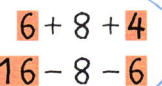
6 + 8 + 4
16 − 8 − 6

Rechne geschickt.

④
6 + 8 + 4 =
7 + 5 + 3 =
8 + 2 + 6 =
9 + 5 + 1 =

⑤
7 + 9 + 1 =
5 + 6 + 4 =
8 + 2 + 9 =
9 + 8 + 1 =

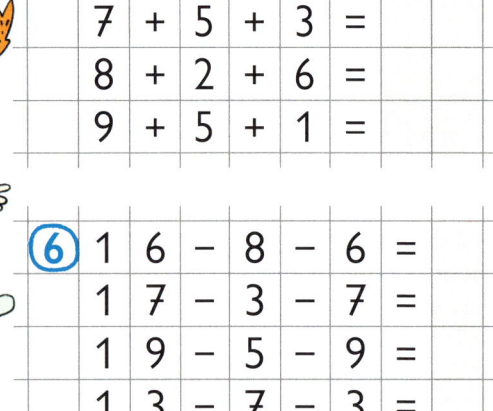

⑥
16 − 8 − 6 =
17 − 3 − 7 =
19 − 5 − 9 =
13 − 7 − 3 =

⑦
14 − 4 − 6 =
15 − 9 − 5 =
18 − 8 − 6 =
11 − 1 − 4 =

⑧ Rechne auch hier geschickt.

12 + 7 − 2 =
14 + 8 − 4 =
15 − 5 + 7 =

13 + 9 − 3 =
16 − 6 + 9 =
19 − 5 + 1 =

---

1 Zu zweit, in der Gruppe oder der Klasse Lösungen für die Zerlegung der 14 mit drei Würfelzahlen besprechen.
2, 3 Einige Aufgaben für die Zusammensetzung der 13 und der 11 aus drei Würfelzahlen bzw. Summanden notieren.
4–8 Die Änderung der Reihenfolge der Zahlen und/oder Operationen nutzen.

9 Ergänze.

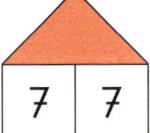 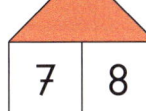 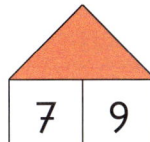 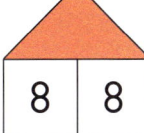 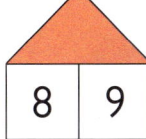

Im Dach die Summe

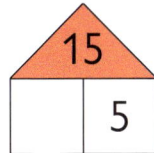

10 Ergänze.

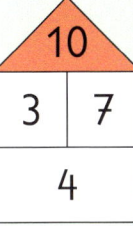    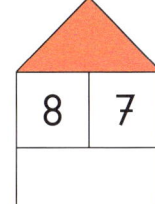

Im Keller der Unterschied

11 Ergänze.

 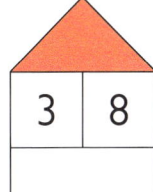 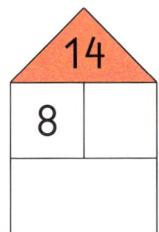 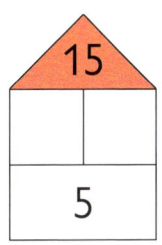 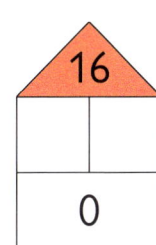 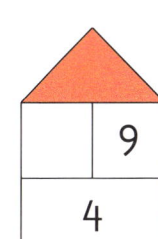 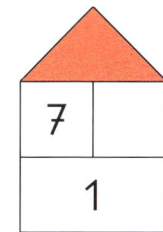

12 Finde passende Aufgaben.

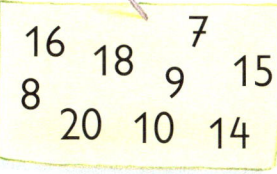 ⊕ ⊖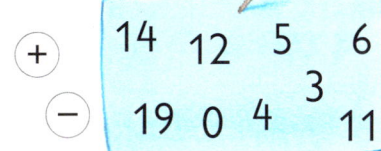

	= 1 4
	= 1 4
	= 1 4

	< 1 4
	< 1 4
	< 1 4

	> 1 4
	> 1 4
	> 1 4

Überall Tabellen

① Kakaoliste 1. Woche

2. Zeile, 2. Spalte: Lisa trinkt Milch.

	Kakao	Milch	Vanille
Tom	x		
Lisa		x	
Anne			x
Mio			x

② Kakaoliste 3. Woche. Trage ein.

Anne: Vanille — Tobi: Vanille — Lisa: Milch — Tom: Kakao

	Kakao	Milch	Vanille
Tom			
Lisa			
Anne			
Tobi			

③ Unsere Klassendienste — Kreuze an.

	📄	🟩	🧹	💧	🥛
Lisa					
Uli					
Anne					
Tom					
Tobi					
Ina					

Gemeinsam Tabellen für die Klasse anlegen und nutzen. **1** Den Kindern entsprechend der Tabelle die Getränke zuordnen. **2** Getränke der Kinder in die Tabelle eintragen. **3** Klassendienste in der Tabelle ankreuzen.

In Tabellen rechnen

① Lege und rechne.

+	2ct 1ct	5ct	5ct 2ct
2ct	5 ct		
5ct			
10ct			

② Rechne.

+	3	4	2
2	5		

2 + 3 = 5
2 + 4 =
2 + 2 =

③ Rechne.

–	1	2	3
6	5		

6 – 1 = 5
6 – 2 =
6 – 3 =

④
+	2	4	5	6
3				

⑤
–	3	4	5	6
7				

⑥
+	4	5	6	7
2				
4				

⑦
–	5	4	3	2
8				
10				

⑧
+	5	2	0	7
5				
7				

⑨
–	0	5	7	4
13				
9				

1–9 Aufgaben aus Tabellen ablesen und Lösungen eintragen.
E▶43 AH▶53 A▶43

Im Schwimmbad

①

2 Erwachsene ___ €
1 Kind ___ €
zusammen ___ €

1 Erwachsener ___ €
___ Kinder ___ €
zusammen ___ €

②

Eintritt:
Erwachsene 4 €
Kinder ab 4 Jahren 2 €

Erwachsene	1	2	3	4	5	6
Eintritt	4 €					

Kinder	1	2	3	4	5	6
Eintritt	2 €					

___ Erwachsene ___ €
___ Kinder ___ €
zusammen ___ €

___ Erwachsene ___ €
___ Kinder ___ €
zusammen ___ €

___ Erwachsene ___ €
___ Kinder ___ €
zusammen ___ €

1 Informationen aus Texten und Bildern entnehmen und nutzen.
2 Preise für Erwachsene und Kinder in die Tabellen eintragen und Kosten für die dargestellten Gruppen berechnen.

③

zusammen ___€

④

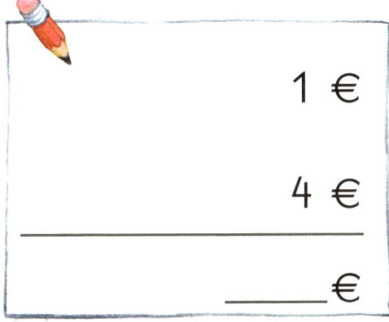  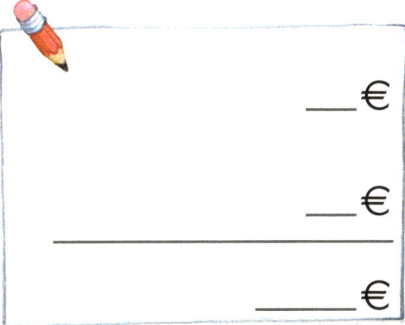

⑤

🥤	1	2	3	4	5	6
Preis	3 €					

🥛	1	2				
Preis	2 €					

🧁	1					
Preis						

3–4 Dem Preisschild Angaben entnehmen und für die Berechnungen nutzen.
5 Tabellen ausfüllen und eigene Aufgaben bilden.

Das kann ich schon!

92

⑤ "12 – 4 Ich kann mir helfen."

12 – 4 = 8	9 + 1 = ___	8 + ___ = 13
13 – 6 = ___	8 + 2 = ___	16 – ___ = 9
14 – 7 = ___	7 + 3 = ___	7 + ___ = 15

Meine Aufgaben:

___ – ___ = ___   ___ + ___ = ___   ___ – ___ = ___

⑥

Zahl	2	5	4	9	7
das Doppelte					

Zahl	6	10	8	14	12
die Hälfte					

⑦

+	2	3	4	5
2	4			

–	1	2	3	4
6	5			

⑧

🍦	1	2	3	4	5	6
Preis	2 €					

⑨ Anne kauft: 🍦🍦🍦   Anne gibt: 10 €   Sie bekommt zurück:

Geometrische Grundformen – Körper

① Verbinde und male an.

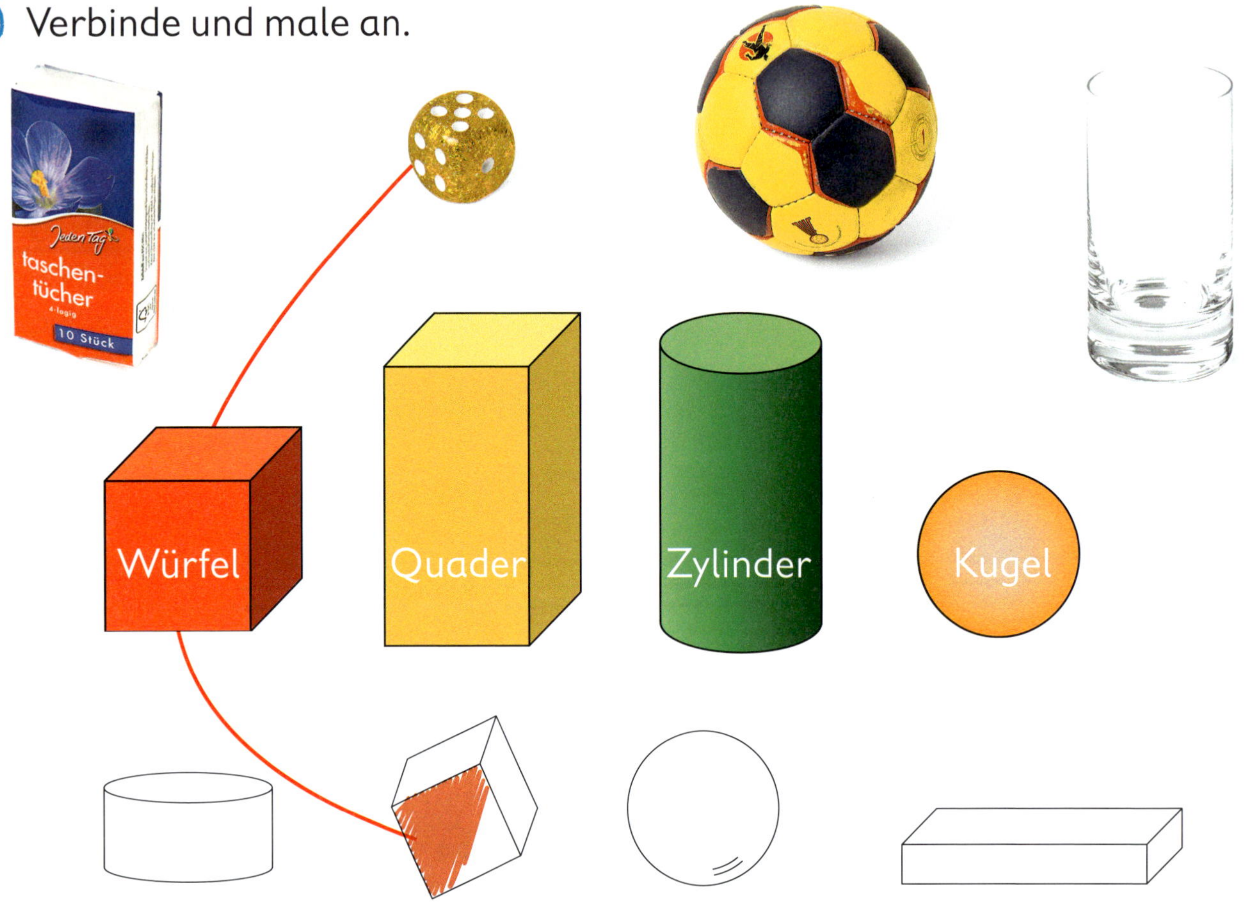

② Male in der passenden Farbe an.

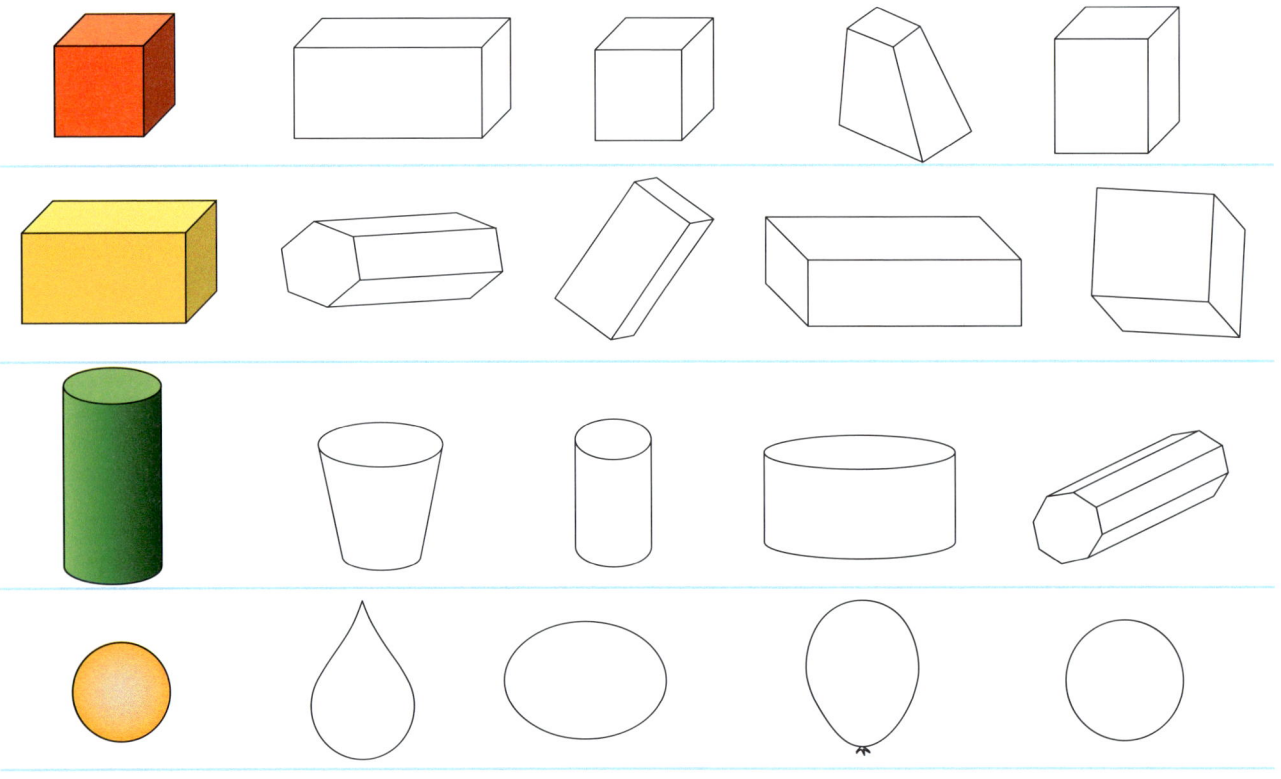

Nach Körpern in der Umwelt (Fotos) und in Medien suchen und damit ein Plakat gestalten.
1 Grundformen von Körpern in Alltagsgegenständen wiedererkennen, zuordnen, ausmalen.
2 Die identische Form herausfinden und in der gleichen Farbe ausmalen.

Male an.

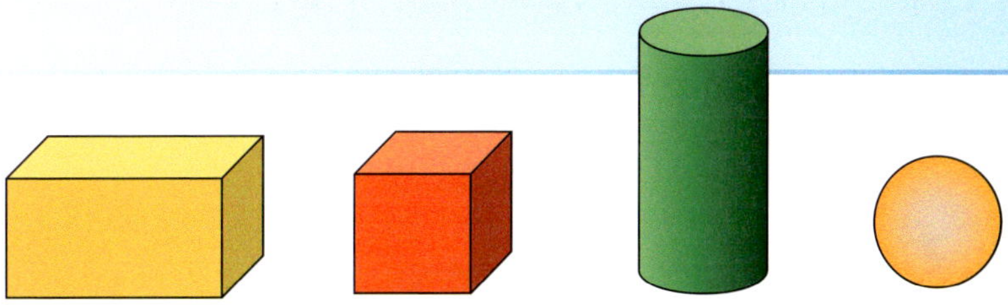

(3)

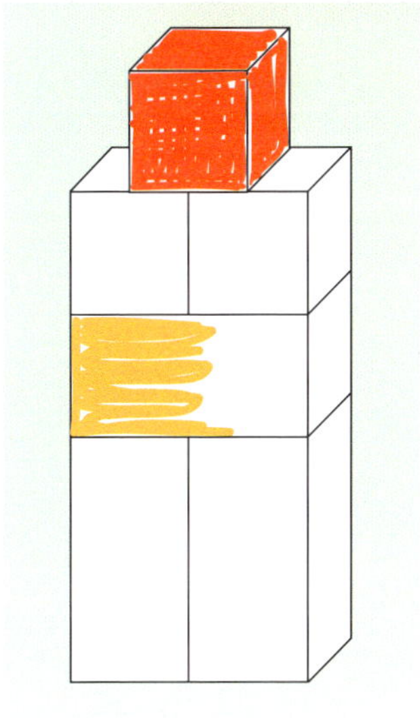

(4)

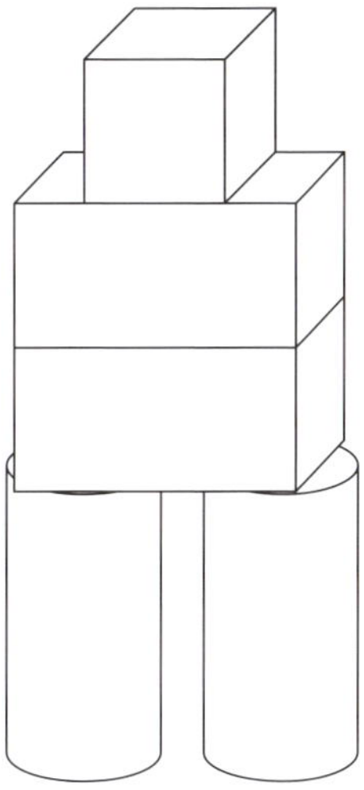

(5)

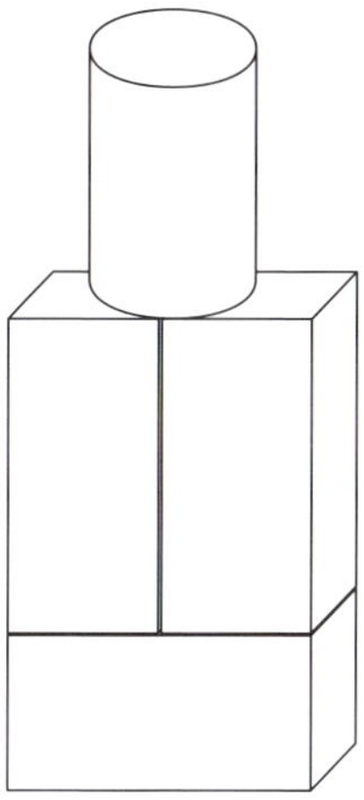

(6)

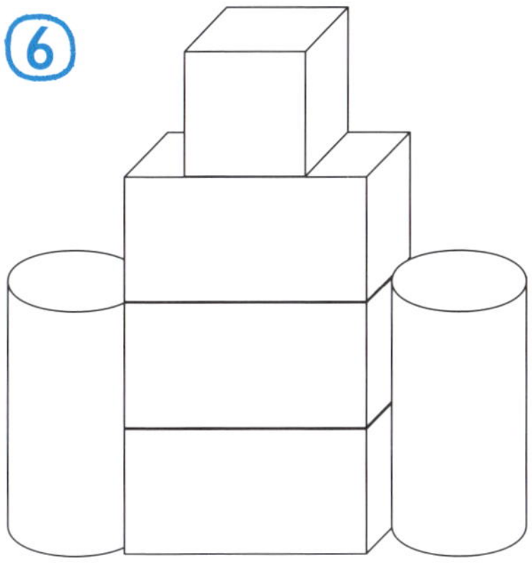

(7)

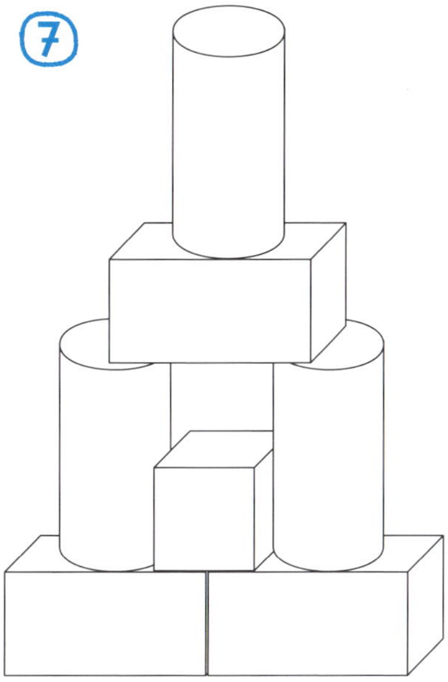

(8)

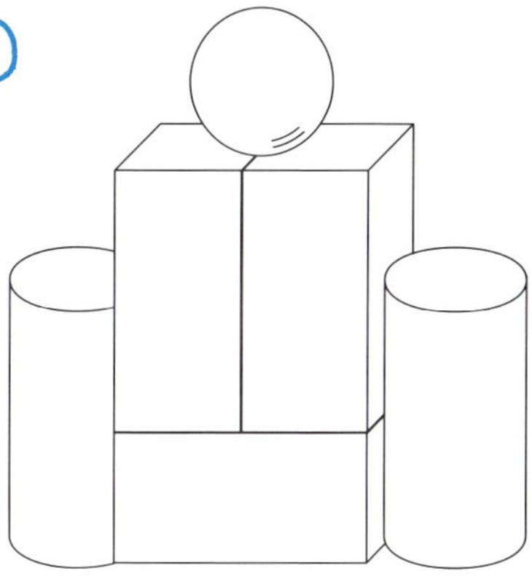

(9) Forme eine Kugel, einen Quader und einen Zylinder aus Knete.

(10) Welche Körper sind am besten gelungen? Kreise sie ein.

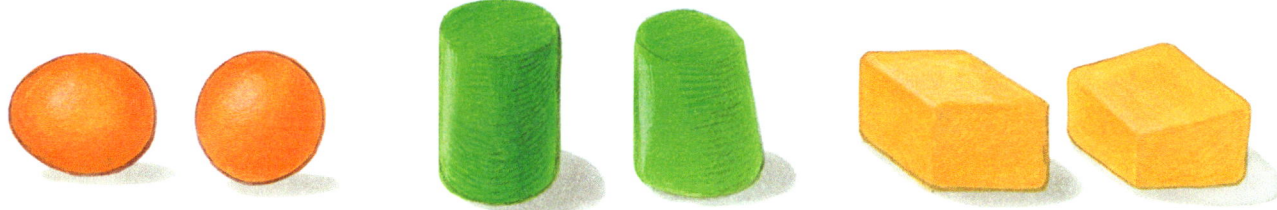

3–8 Die in den Bauwerken verwendeten Körper in ihrer Grundform erkennen und in den entsprechenden Farben ausmalen.

E▸46 AH▸55 A▸46

Würfelbauten

① Bauen und Baupläne schreiben.

BAUPLATZ

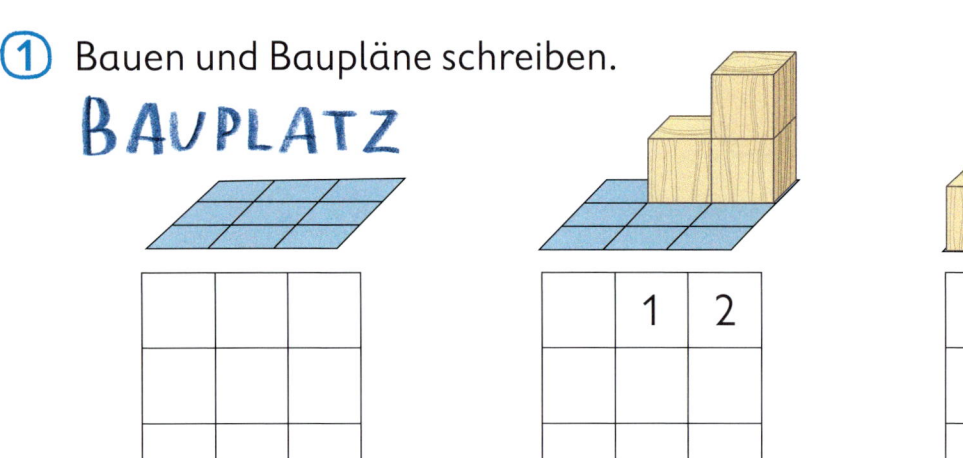

	1	2

1	1	1
1	1	1
1	1	1

② Immer 9 Würfel. Baue, vervollständige den Bauplan.

MAUER   **TREPPE**   **BANK**

	3	

		4

2		
1		

③ Verbinde Bilder, die zu demselben Bau gehören.

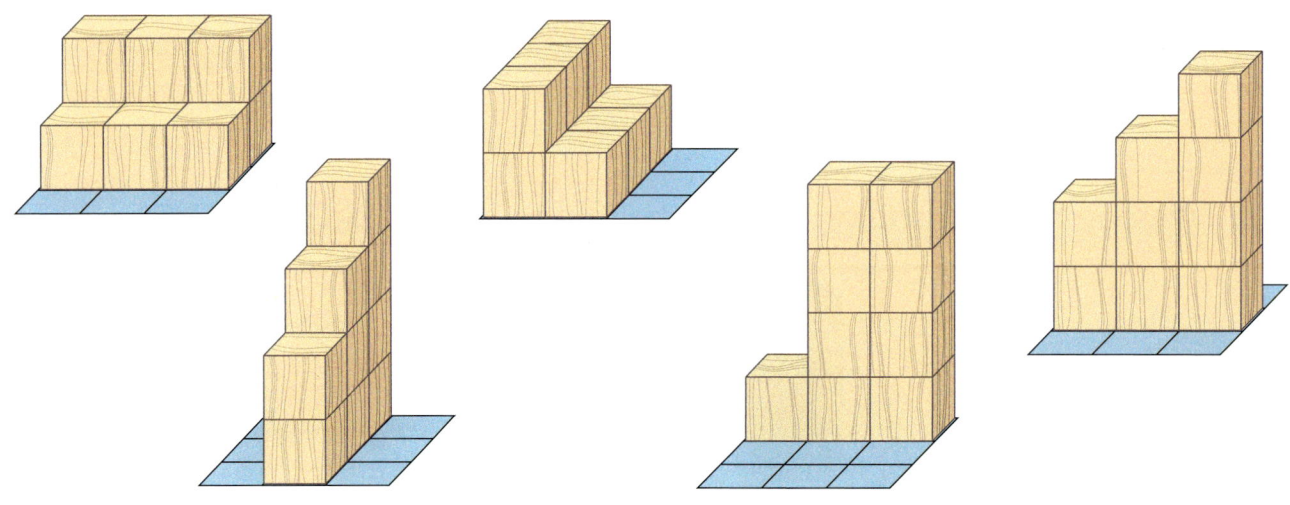

Fü: Deutsch / Wörter (Namen) zu Bildern finden und schreiben.
1 Die Würfelgebäude nachbauen und mit den Bauplänen vergleichen. 2 Die Würfelgebäude nachbauen und die Baupläne vervollständigen. 3 Die Gebäude nachbauen und ggf. durch Drehen vergleichen.

④ Schreibe zu jedem Gebäude den Bauplan.
Zusammen immer 9 Würfel

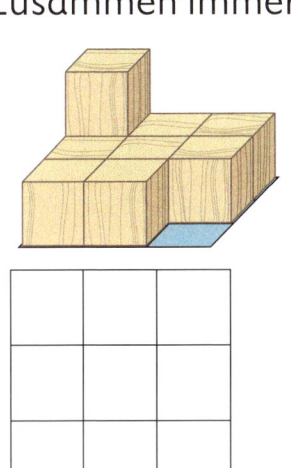 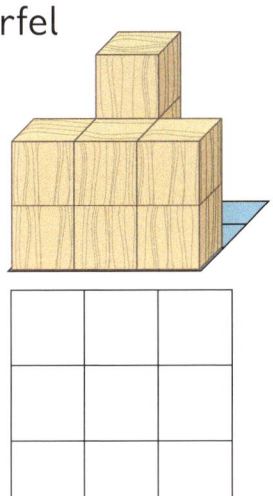 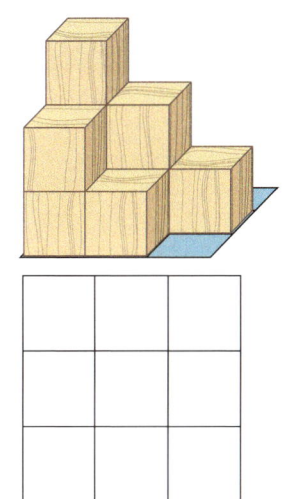

⑤ Was gehört zusammen? Verbinde.

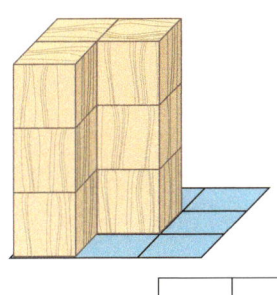 

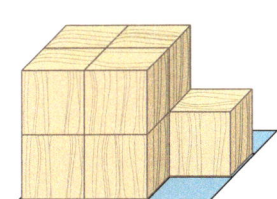

⑥ In welcher Reihenfolge wurde gebaut? Schreibe.

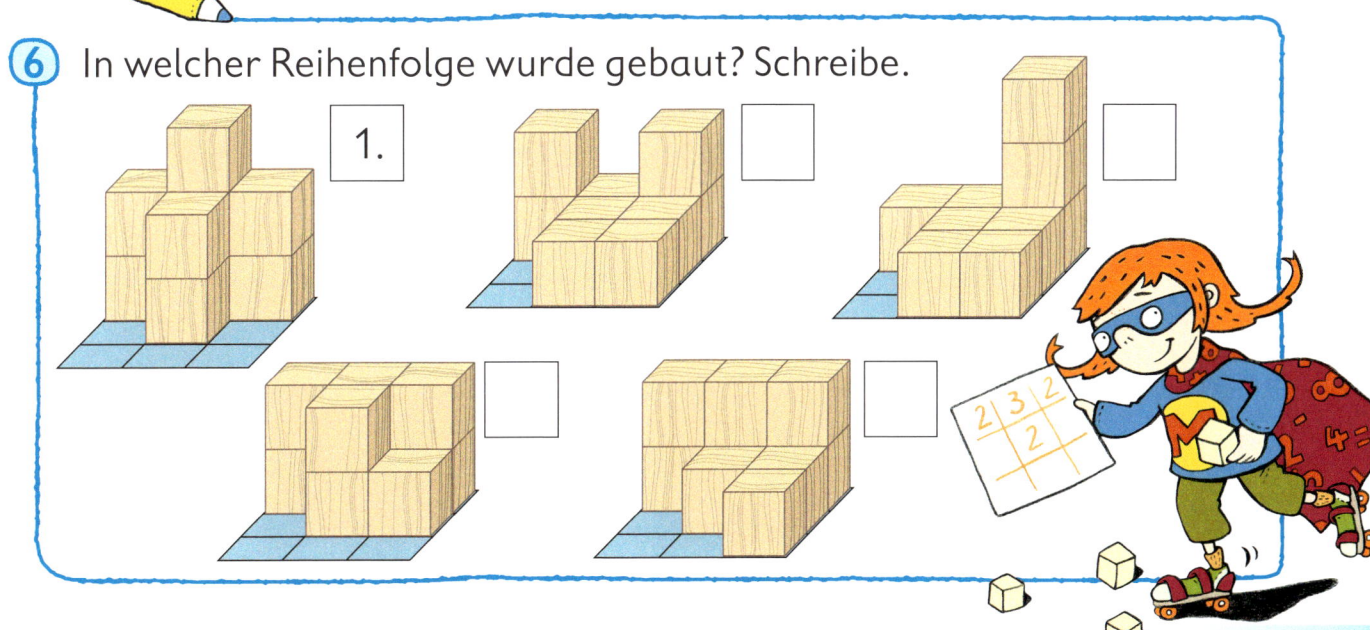

4–5 Würfelgebäude und Baupläne in Zusammenhang bringen.
6 Die Reihenfolge der Veränderungen finden und notieren: Jeweils 1 Stein wurde umgelegt.

Zahlenband und Zahlenfolgen

Zeige und rechne.

| 1 | 2 | 3 | 4 | 5 | 6 | 7 | 8 | 9 | 10 | 11 | 12 | 13 | 14 | 15 | 16 | 17 | 18 | 19 | 20 |

① 5 + 1 =
5 + 2 =
5 + 3 =
5 + 4 =
5 + 5 =
  +   =

② 6 + 2 =
6 + 3 =
6 + 4 =
6 +   =
  +   =
  +   =

③ 1 2 − 1 =
1 2 − 2 =
1 2 − 3 =
1 2 − 4 =
    −   =
    −   =

Rechne in zwei Schritten.

| 1 | 2 | 3 | 4 | 5 | 6 | 7 | 8 | 9 | **10** | 11 | 12 | 13 | 14 | 15 | 16 | 17 | 18 | 19 | 20 |

7 + 5 =
7 + **3** = 1 0
1 0 + **2** = 1 2

„Zur 10, dann weiter"

1 2 − 5 =
1 2 − **2** =
1 0 − **3** =

④ 6 + 7 =
9 + 4 =
7 + 6 =

⑤ 5 + 6 =
3 + 8 =
8 + 7 =

⑥ 1 3 − 6 =
1 3 − 5 =
1 3 − 8 =

---

⑦ Schreibe Additionsaufgaben mit der Zahl 2.

| 1 | 2 | 3 | 4 | 5 | 6 | 7 | 8 | 9 | 10 | 11 | 12 | 13 | 14 | 15 | 16 | 17 | 18 | 19 | 20 |
| 1 | 2 | 3 | 4 | 5 | 6 | 7 | 8 | 9 | 10 | 11 | 12 | 13 | 14 | 15 | 16 | 17 | 18 | 19 | 20 |

2 + 5 = 7   2 + 1 0 =

2 + 6 =

8 Färbe für jedes Päckchen die Ergebnisfelder ein.

| 1 + 3 = 4 |
| 4 + 3 = |
| _ + 3 = |
| _ + _ = |
| _ + _ = |

| 2 + 3 = |
| 5 + 3 = |
| _ + 3 = |
| _ + _ = |
| _ + _ = |

| 18 − 3 = |
| 15 − 3 = |
| _ − _ = |
| _ − _ = |
| _ − _ = |

| 1 | 2 | 3 | 4 | 5 | 6 | 7 | 8 | 9 | 10 | 11 | 12 | 13 | 14 | 15 | 16 | 17 | 18 | 19 | 20 |

| 1 | 2 | 3 | 4 | 5 | 6 | 7 | 8 | 9 | 10 | 11 | 12 | 13 | 14 | 15 | 16 | 17 | 18 | 19 | 20 |

| 1 | 2 | 3 | 4 | 5 | 6 | 7 | 8 | 9 | 10 | 11 | 12 | 13 | 14 | 15 | 16 | 17 | 18 | 19 | 20 |

9 Schreibe zu jedem Muster das passende Super-Päckchen.

| 1 | 2 | 3 | 4 | 5 | 6 | 7 | 8 | 9 | 10 | 11 | 12 | 13 | 14 | 15 | 16 | 17 | 18 | 19 | 20 |

| 1 | 2 | 3 | 4 | 5 | 6 | 7 | 8 | 9 | 10 | 11 | 12 | 13 | 14 | 15 | 16 | 17 | 18 | 19 | 20 |

| 1 | 2 | 3 | 4 | 5 | 6 | 7 | 8 | 9 | 10 | 11 | 12 | 13 | 14 | 15 | 16 | 17 | 18 | 19 | 20 |

| 2 + 4 = 6 |
| 6 + 4 = |
| _ + 4 = |
| _ + _ = |

| 1 + 1 = |
| 2 + 2 = |
| _ + 3 = |
| _ + _ = |
| _ + _ = |

| 3 + 3 = |
| 6 + 4 = |
| _ + _ = |
| _ + _ = |
| _ + _ = |

10 Wo stimmt was nicht? Verbessere wie im Beispiel.

| 1 | 2 | 3 | 4 | 5 | 6 | ~~5~~ 7 | 8 | 9 | 10 | 11 |

| 0 | 2 | 4 | 7 | 8 | 10 | 13 | 14 | 16 | 18 |

| 1 | 3 | 5 | 7 | 8 | 11 | 13 | 15 | 17 | 19 |

8 Die Ergebnisse der Super-Päckchen im Zahlenband darstellen. Es entsteht ein Muster.
9 Jetzt umgekehrt zu den Mustern/Zahlenfolgen passende Super-Päckchen schreiben.
10 Die Zahlenfolgen überprüfen und Fehler berichtigen.

Zahlenmauern

① Trage die fehlenden Zahlen ein.

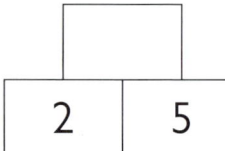

Oben immer die Summe

2 + 5 =

2 + ☐ = 7
7 − 2 =

☐ + 5 = 7
7 − 5 =

2 Zahlen muss ich kennen.

② Berechne die fehlende Zahl.

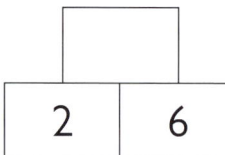

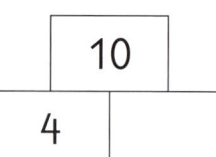

Überlege mit Hilfe der Schablone, wo du anfängst.

③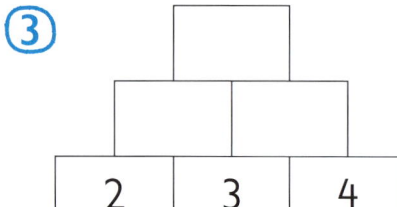

④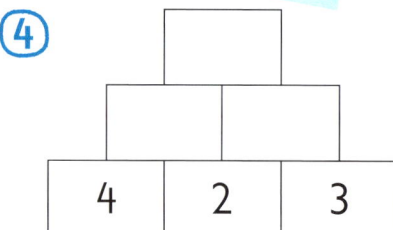

⑤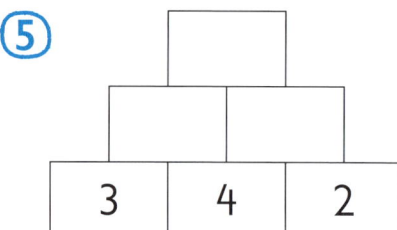

⑥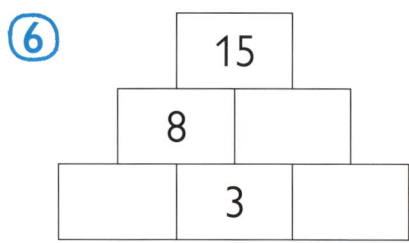

⑦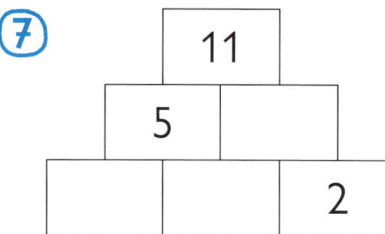

⑧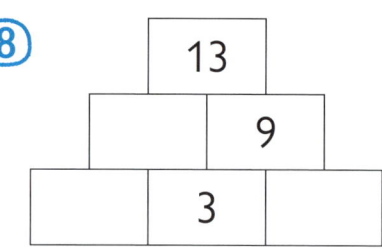

Setze passende Zahlen ein. Vergleiche mit deinem Partner.

⑨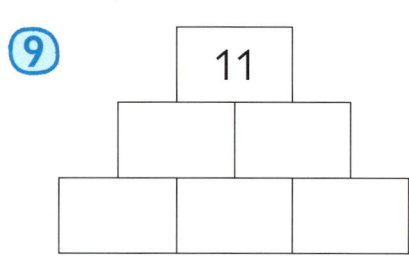

⑩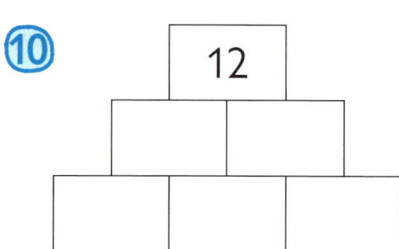

⑪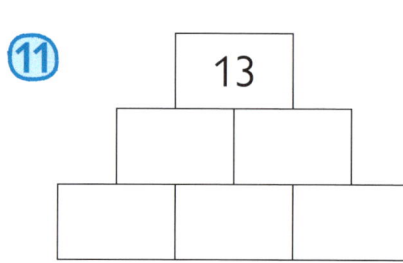

Bezeichnung: Basissteine, Deckstein.
1–8 Die fehlenden Zahlen berechnen und eintragen.
9–11 Zu den Decksteinen passende Zahlenmauern entwickeln und mit dem Partner die Ergebnisse besprechen.

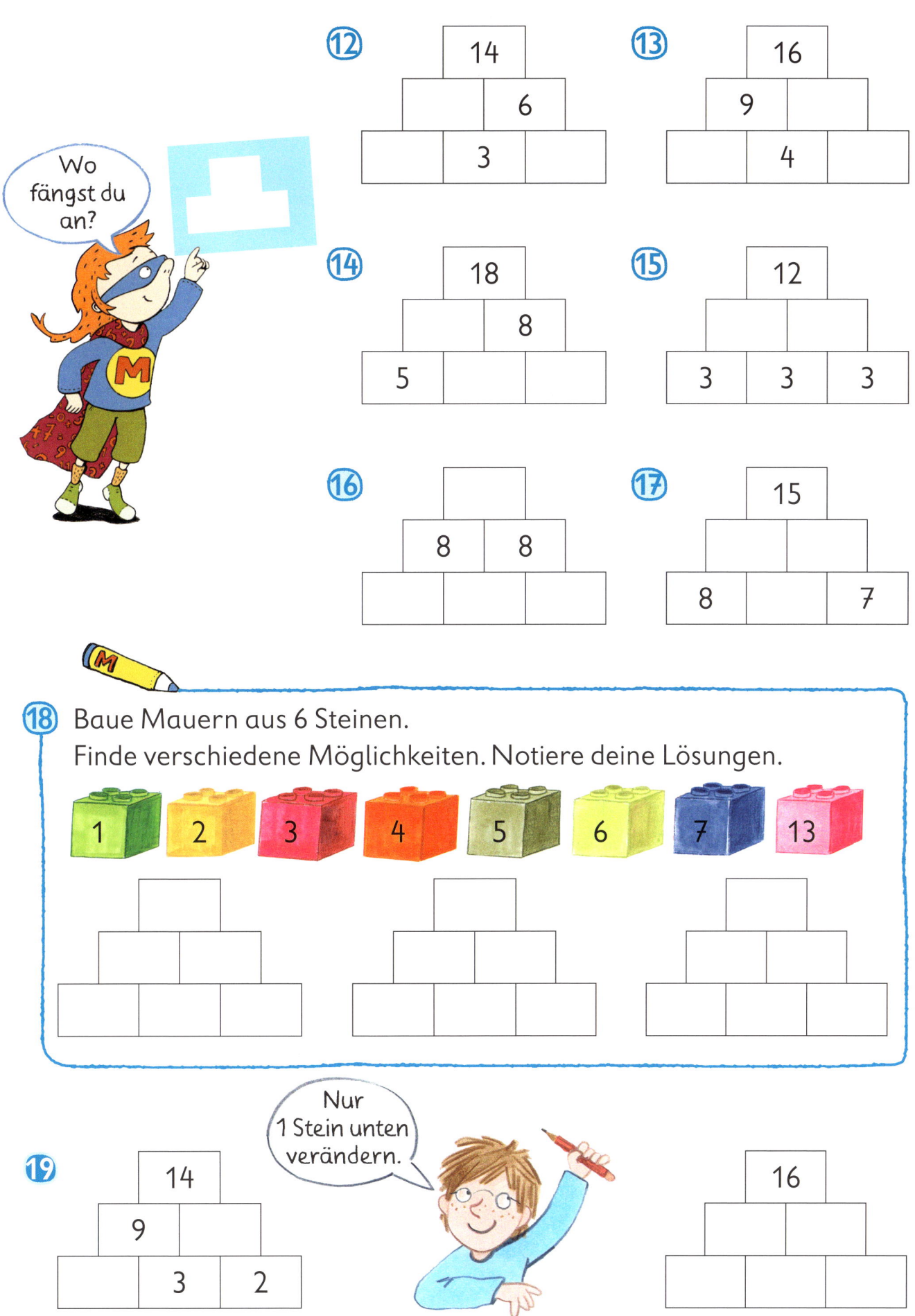

Sachrechnen

①

1 Sachsituation im Klassenraum beschreiben und Lösungsideen zu der Tafelfrage entwickeln.

Vergleichen

① Setze ein: <, = oder >.

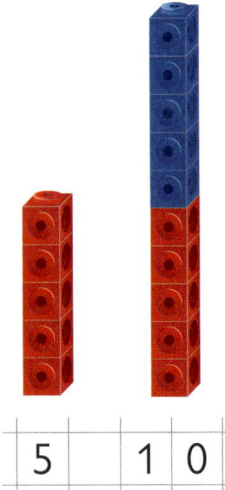 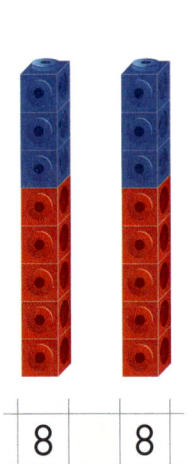 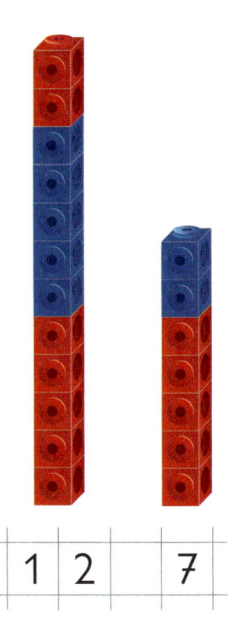

< ist kleiner als
= ist gleich
> ist größer als

| 5 | | 1 | 0 |

| 8 | | 8 |

| 1 | 2 | | 7 |

② Trage passende Zahlen ein.

| 7 | > | |
| 7 | > | |

| 7 | < | |
| 7 | < | |

| 8 | > | |
| 8 | > | |

| 8 | < | |
| 8 | < | |

| | > | 1 | 2 |
| | > | 1 | 2 |

| | < | 1 | 2 |
| | < | 1 | 2 |

| | > | 1 | 5 |
| | > | 1 | 5 |

| | < | 1 | 5 |
| | < | 1 | 5 |

Vergleiche am Zahlenband. Setze ein: <, = oder >.

| 1 | 2 | 3 | 4 | 5 | 6 | 7 | 8 | 9 | 10 | 11 | 12 | 13 | 14 | 15 | 16 | 17 | 18 | 19 | 20 |

③
9		1	2
8			8
5		1	5
9			7

④
1	1			9
1	3		1	8
1	7		1	7
2	0		1	5

⑤
	9		1	1
1	3		1	2
1	9		1	6
1	5			8

⑥ Benutze für eigene Aufgaben alle Zeichen.

104

Rechne und setze ein: <, = oder >.

⑦ 6 + 3   1 0
   6 + 4   1 0
   6 + 5   1 0
   6 + 6   1 0

⑧ 1 0   4 + 8
   1 0   3 + 8
   1 0   2 + 8
   1 0   1 + 8

⑨ 1 2 − 1   1 0
   1 2 − 2   1 0
   1 2 − 3   1 0
   1 2 − 4   1 0

⑩ 8 + 4   8 + 6
   6 + 5   5 + 5
   7 + 6   7 + 8
   9 + 6   9 + 7

⑪ 1 5 − 6   1 5 −   8
   1 7 − 7   1 7 −   6
   1 4 − 9   1 4 − 1 2
   2 0 − 8   2 0 − 1 1

Welche Zahlen passen?

⑫ 1 0 +   > 1 3
   1 2 +   > 1 3
       9 +   > 1 3
       5 +   > 1 3
           +   > 1 3
           +   > 1 3

⑬ 1 3 +   < 1 6
       9 +   < 1 6
       5 +   < 1 6
   1 5 +   < 1 6
           +   < 1 6
           +   < 1 6

⑭ Schreibe eigene Aufgaben.

1 4 − 3
9 + 8
1 2 − 4
1 2 + 4
2 0   8
7   1 5

ist kleiner als
<
<
<
<
<
<
<
<

ist größer als
>
>
>
>
>
>
>
>

7–11 Relationszeichen einsetzen.
12, 13 Eine passende Zahl einsetzen.

Plus und minus

④
8 + 4 =	5 + ☐ = 1 2	☐ + 4 = 1 0
6 + 7 =	9 + ☐ = 1 6	☐ + 5 = 1 1
9 + 5 =	7 + ☐ = 1 5	☐ + 6 = 1 2

1 3 − 3 =	1 5 − ☐ = 8	☐ − 5 = 7
1 3 − 4 =	1 2 − ☐ = 9	☐ − 7 = 8
1 3 − 6 =	1 4 − ☐ = 5	☐ − 8 = 6

⑤

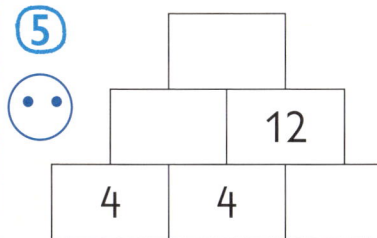
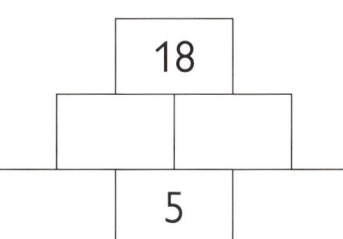
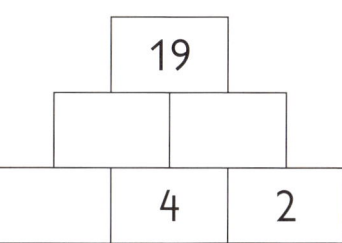

⑥ Das weiß ich schon: ▸ Das will ich wissen: ▸ So finde ich das heraus: ▸

Wie viele Becher sind noch sauber?

KV Lernzielkontrolle 6
E▸52 A▸52

107

⑤ Falte einen Fisch.

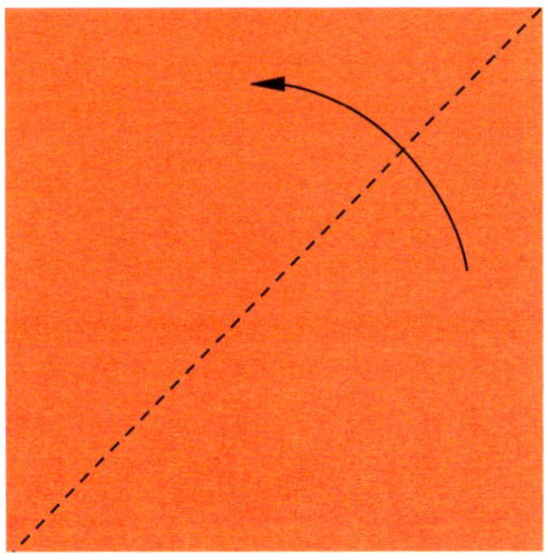

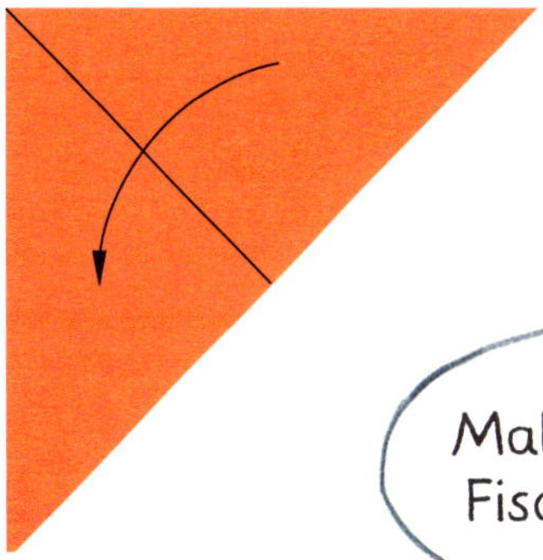

Spitze nach innen

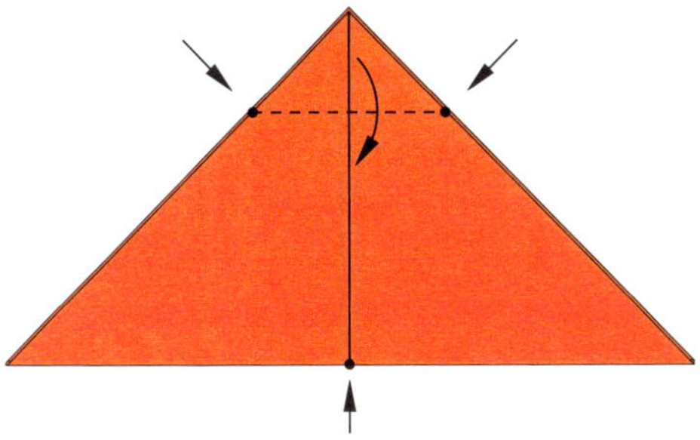

falten

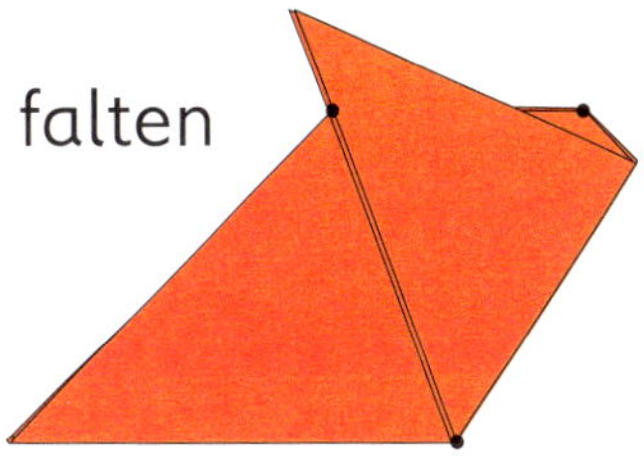

Male den Fisch an.

noch einmal falten

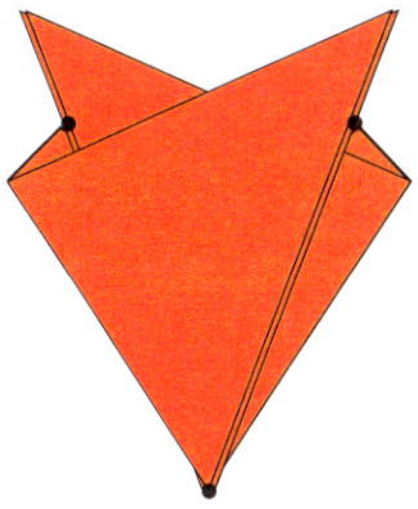

drehen

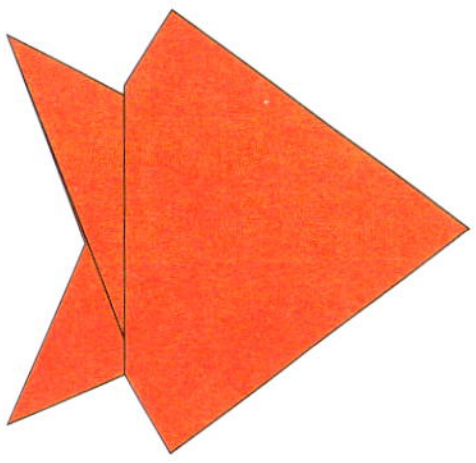

⑥ Falte viele große und kleine bunte Fische. Aus den Fischen aller Kinder entsteht ein Aquarium für die Klasse.

Fü: Kunst / Eigene Plakate mit Faltbildern gestalten; Faltvorschläge in Büchern/im Internet suchen und falten.
5–6 Faltanleitung lesen und (mehrfach und mit verschieden großen Faltpapieren) ausführen, Fische anmalen.

Falten – Symmetrie

① Mehr Häuser. Der Anfang ist immer gleich.

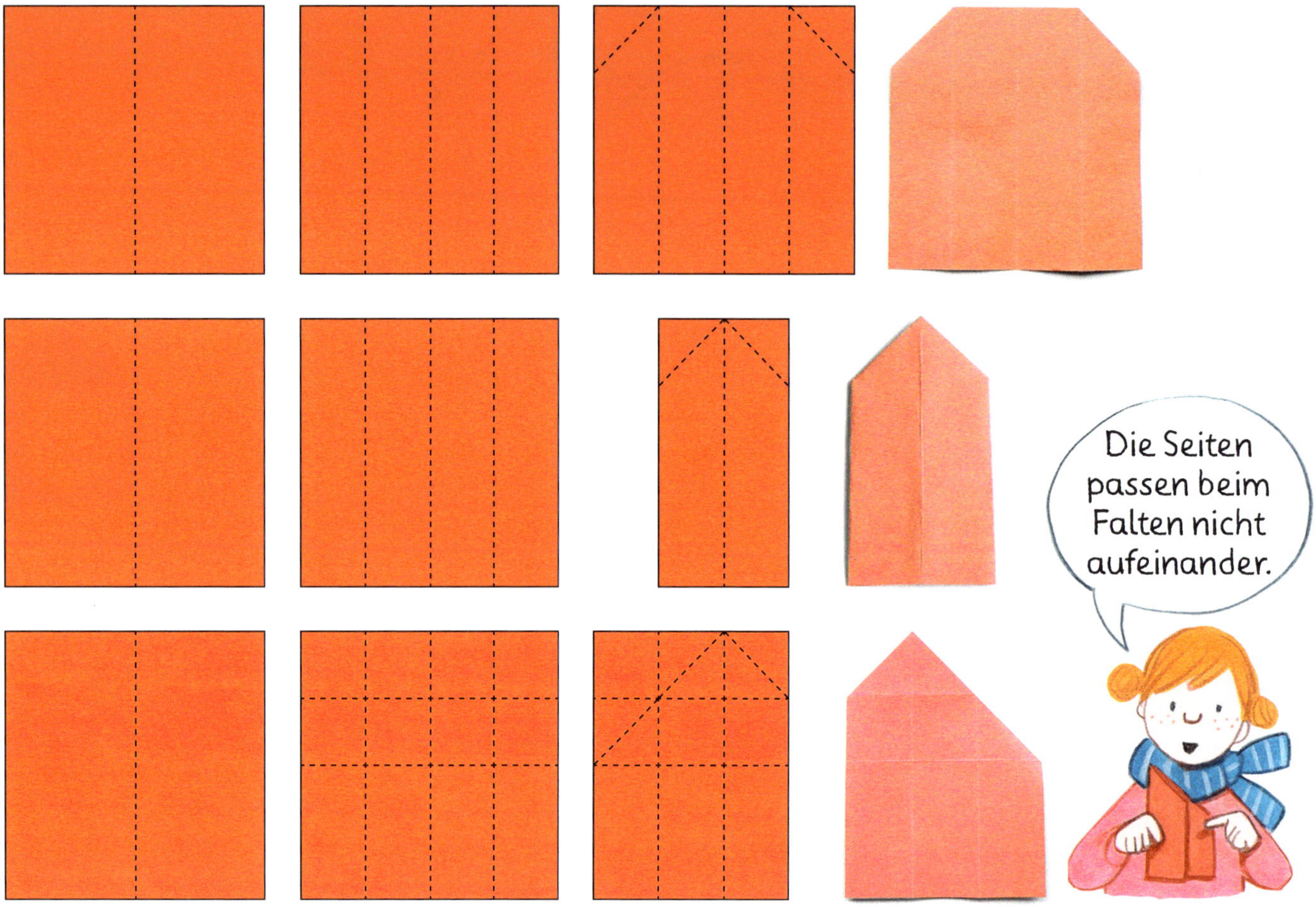

Die Seiten passen beim Falten nicht aufeinander.

② Welche Häuser sind symmetrisch? Male sie an.
Gestaltet zusammen ein eigenes Häuserbild.

Symmetrisch oder nicht symmetrisch?

③ Verbinde Teile, die ein symmetrisches Haus ergeben.

④ Beim Schneiden symmetrische Figuren herstellen.

Welche Figur entsteht? Kreuze an.

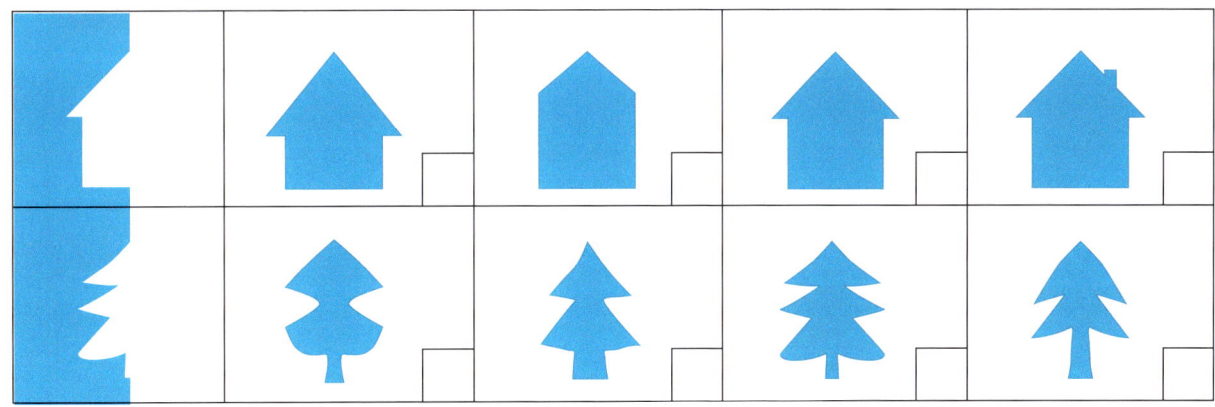

⑤ Welche Figuren sind durch Falten und Schneiden entstanden? Male die Faltachse ein.

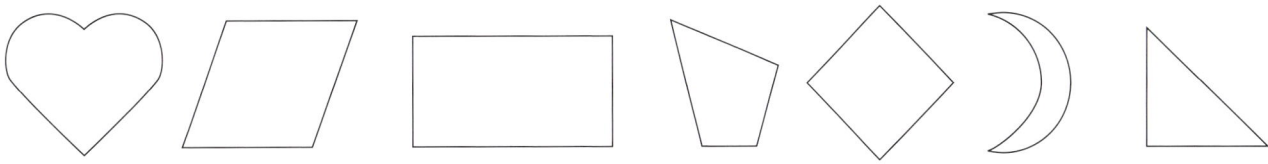

Muster legen und weiterlegen

① Lege weiter oder male. Welche Formen werden benutzt?

②

Setze die Muster fort. Lege und male.

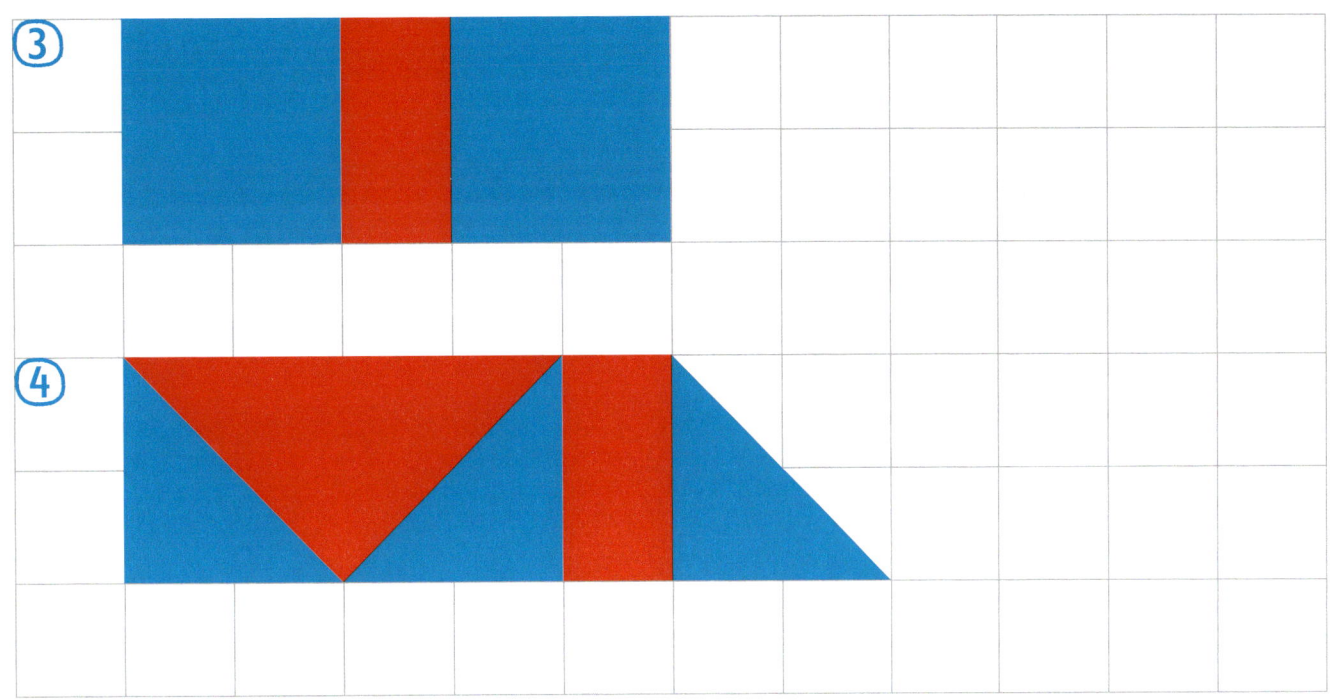

Ergänze zu symmetrischen Figuren. Lege und male.

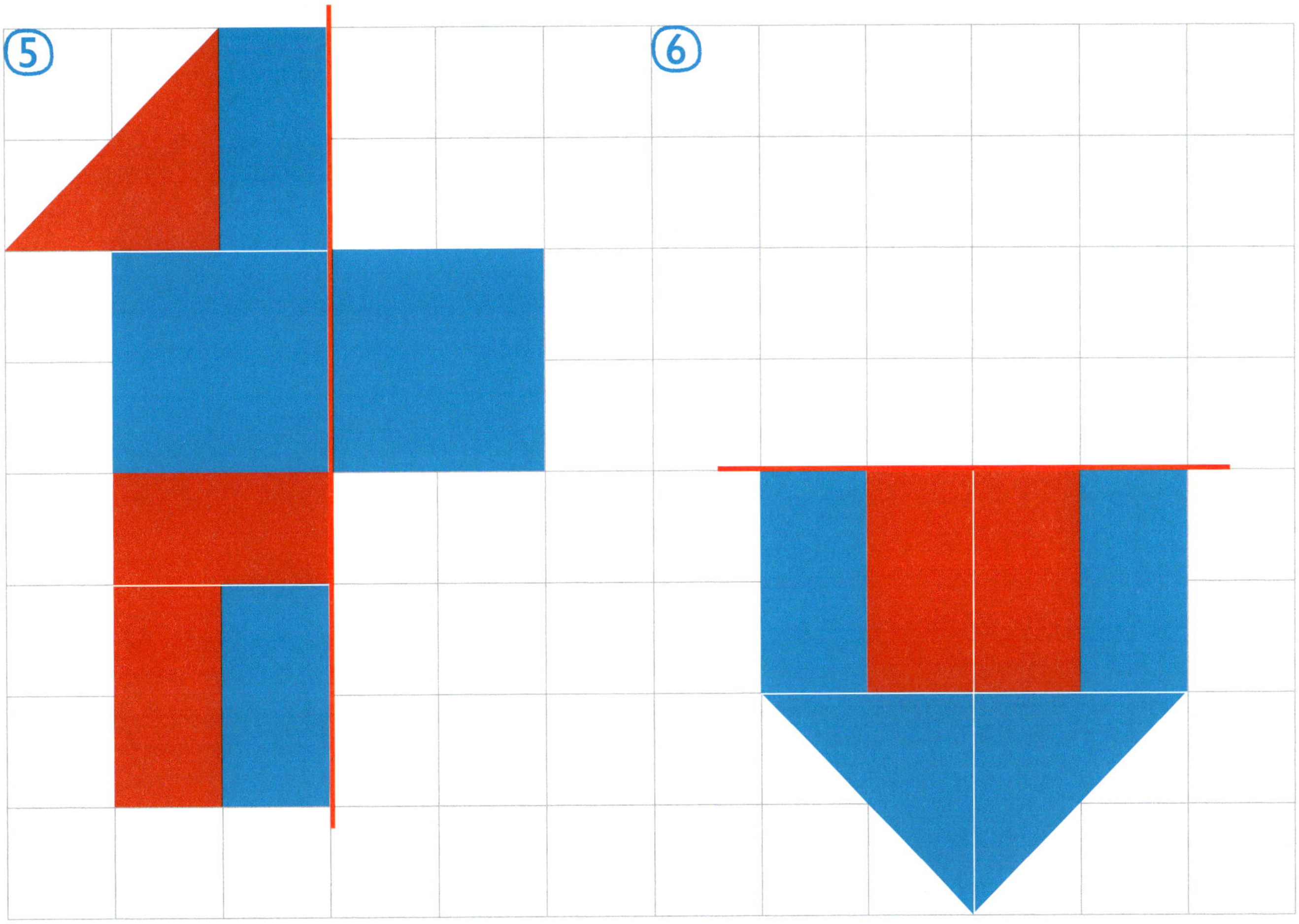

Eigene Muster und Symmetriebilder erstellen und damit eine Portfolioseite gestalten.
5, 6 Mit Formenplättchen zu symmetrischen Figuren ergänzen, die Lösung aufmalen.
E ▸ 55 AH ▸ 63 A ▸ 55

Rechnen kreuz und quer

① Immer 10, immer 20

3 + ☐ = 10	2 + ☐ = 10	4 + ☐ = 10
13 + ☐ = 20	12 + ☐ = 20	14 + ☐ = 20
5 + ☐ = 10	1 + ☐ = 10	10 + ☐ = 10
15 + ☐ = 20	11 + ☐ = 20	20 + ☐ = 20

Immer 10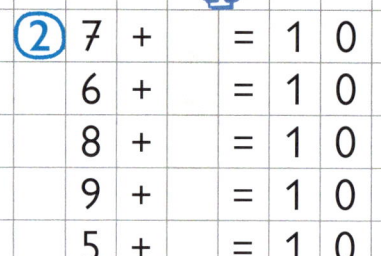

②
7 + ☐ = 10
6 + ☐ = 10
8 + ☐ = 10
9 + ☐ = 10
5 + ☐ = 10

③
☐ + 2 = 10
☐ + 4 = 10
☐ + 7 = 10
☐ + 5 = 10
☐ + 1 = 10

④
10 − 1 = ☐
10 − 4 = ☐
10 − 3 = ☐
10 − 2 = ☐
10 − 5 = ☐

Setze fort.

⑤
6 + 4 =
7 + 5 =
8 + 6 =
9 + ☐ =
10 + ☐ =
11 + ☐ =

⑥
15 − 5 =
14 − 6 =
13 − 7 =
12 − ☐ =
☐ − ☐ =
☐ − ☐ =

⑦
11 + 3 =
10 − 3 =
9 + 3 =
8 − ☐ =
☐ + ☐ =
☐ − ☐ =

Setze fort.

⑧
0 + 1 + 2 =
1 + 2 + 3 =
2 + 3 + 4 =
3 + ☐ + ☐ =
☐ + ☐ + ☐ =
☐ + ☐ + ☐ =

⑨
3 + 4 − 5 =
4 + 5 − 6 =
5 + 6 − 7 =
6 + ☐ − ☐ =
7 + ☐ − ☐ =
8 + ☐ − ☐ =

1 Analoge Aufgaben erkennen und nutzen.
2–4 Ergänzen und Subtrahieren üben.
5–9 Muster erkennen und nutzen.

Übungen mit Aufgabenfamilien und Tabellen

Aufgabenfamilien. 3 Zahlen – 4 Aufgaben. Ergänze.

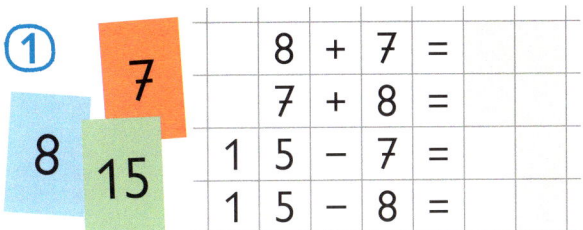

① 8 + 7 =
7 + 8 =
15 – 7 =
15 – 8 =

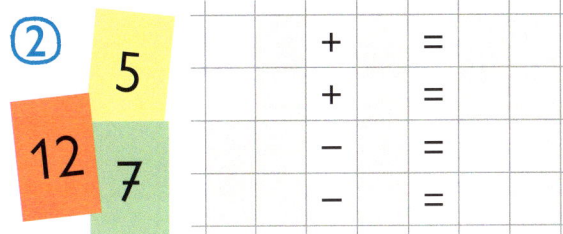

② ＿ + ＿ = ＿
＿ + ＿ = ＿
＿ – ＿ = ＿
＿ – ＿ = ＿

③

④

In Tabellen rechnen.

⑤
+	4	7	9	12
8				

⑥
–	3	6	9	12
16				

⑦
+		14		4
3	11		18	

⑧
+	2		6	
7		11		15

⑨
–		5		9
15	12		8	

⑩
+		7		8
6	8		12	

⑪
–	10	11	12	
17			4	

⑫
+	14			8
4		16	14	

⑬
–		12		8
14	0		4	

⑭
+	5			
	10		13	
9		19		18

⑮
–			5	
13	2		4	
	13		15	

⑯
+				

1–4 Aus den vorgegebenen Zahlen Tauschaufgaben und ihre Umkehraufgaben bilden.
5–15 Fehlende Zahlen berechnen.
16 Eine eigene Tabelle schreiben.

Das kleine Einspluseins

① Rechne. Färbe die Ergebnisfelder in der Tabelle ein.

0 + 5 =	5
2 + 5 =	7
4 + 5 =	
6 + 5 =	
8 + 5 =	
10 + 5 =	

+	0	1	2	3	4	5	6	7	8	9	10
0						5					
1											
2						7					
3											
4											
5											
6											
7											
8											
9											
10											

② Rechne auch noch andere +5 Aufgaben und färbe die Felder.

Super-Päckchen machen Muster.

+ 5 =	
+ 5 =	
+ 5 =	
+ 5 =	
+ 5 =	

③ Rechne. Färbe die Ergebnisfelder in der Tabelle ein.

2 + 10 =	
3 + 10 =	
4 + 10 =	
5 + 10 =	
6 + 10 =	
7 + 10 =	

④ Rechne auch noch andere +10 Aufgaben und färbe die Felder.

+ 10 =	
+ 10 =	
+ 10 =	
+ 10 =	
+ 10 =	

Rechne. Färbe die Ergebnisfelder in der Tabelle ein.

⑤ 6 + 2 =
6 + 3 =
6 + 4 =
6 + 5 =

⑥ 3 + 3 =
4 + 4 =
5 + 5 =
6 + 6 =

⑦ 4 + 9 =
5 + 8 =
6 + 7 =
7 + 6 =

+	0	1	2	3	4	5	6	7	8	9	10
0	0					5					10
1											
2											
3											
4											
5							10				
6											
7											
8											
9											
10	10					15					20

Schreibe zu den Mustern die Super-Päckchen.

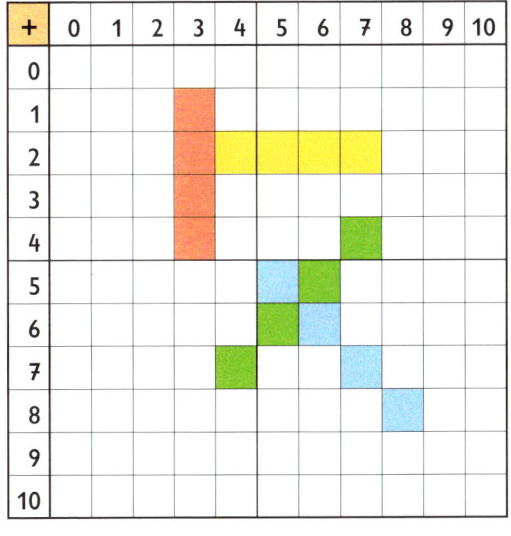

⑧ Immer ___ + 3

+ =
+ =
+ =
+ =

⑨ Immer verdoppeln.

+ =
+ =
+ =
+ =

⑩ Immer 2 + ___

+ =
+ =
+ =
+ =

⑪ Immer 11

+ =
+ =
+ =
+ =

5–7 Die Super-Päckchen fortschreiben.
8–11 Zu Mustern in der Einspluseinstafel Super-Päckchen schreiben.

Sachrechnen

Das weiß ich schon: Das will ich wissen: So finde ich das heraus: Das weiß ich jetzt:

① Tobi kauft das blaue Auto und die Taschenlampe.

Das weiß ich schon: Das blaue Auto kostet _____ €.
Die Taschenlampe kostet _____ €.

Das will ich wissen: Wie viel muss Tobi bezahlen?

So finde ich das heraus: 1 0 € + 8 € = _____ €

Das weiß ich jetzt: Tobi muss _____ € bezahlen.

Lesen sehen wissen

Fü: Sachunterricht / Umgang mit Geld
Strukturschema zum Lösen von Sachaufgaben nutzen
E▶58   AH▶67   A▶58

② Anne kauft den Ball und die Buntstifte.

Das weiß ich schon: Der Ball kostet _____ €.
Die Buntstifte kosten _____ €.

Das will ich wissen: Wie viel muss Anne bezahlen?

So finde ich das heraus:

Das weiß ich jetzt: Anne muss _____ € bezahlen.

③ Max möchte das rote Auto kaufen.
Er hat gespart.

Das weiß ich schon: Das rote Auto kostet _____ €.
Max hat _____ € gespart.

Das will ich wissen: Wie viel Geld fehlt Max noch?

So finde ich das heraus:

Das weiß ich jetzt: Max fehlen noch _____ €.

Eigene Sachaufgaben erfinden und dazu eine Portfolioseite gestalten.
Strukturschema zum Lösen von Sachaufgaben nutzen
E▶58 AH▶68 A▶58

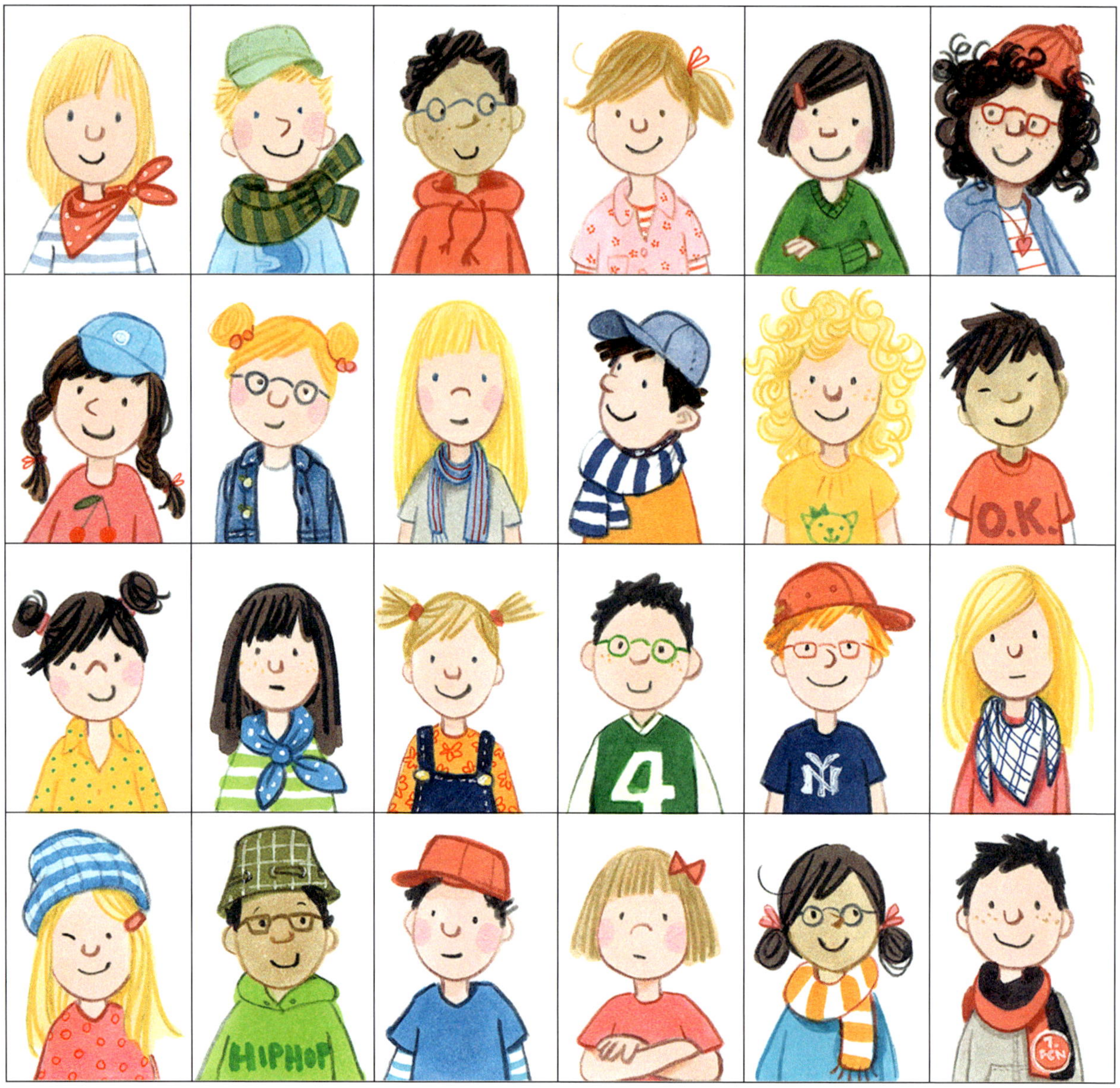

Daten sammeln und darstellen

① Wie viele Mädchen und wie viele Jungen sind in der Klasse?

„Plättchen legen hilft."

| 🔴 Mädchen | ✚✚✚✚ |
| 🔵 Jungen | || |

In der Klasse sind

_____ Mädchen und

_____ Jungen.

② Wie viele Kinder haben helle Haare, wie viele Kinder haben dunkle Haare? Lege und male.

Legen
Malen
Schreiben
___ Kinder

___ Kinder haben helle Haare.

___ Kinder haben dunkle Haare.

③ Wie viele Kinder tragen eine Brille? Wie viele Kinder tragen keine Brille?

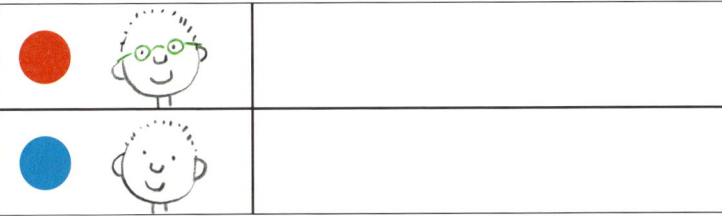

___ Kinder tragen eine Brille.

___ Kinder tragen keine Brille.

④ Wie viele Kinder tragen eine Kappe? Wie viele Kinder tragen keine Kappe?

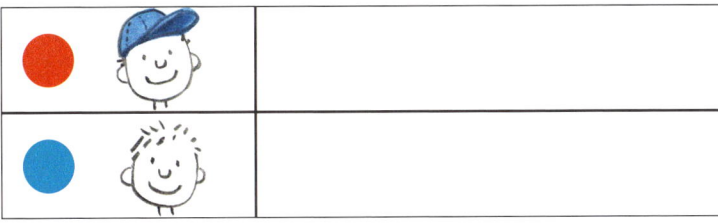

___ Kinder tragen eine Kappe.

___ Kinder tragen keine Kappe.

⑤ Macht eine eigene Umfrage in eurer Klasse.

Plus und minus

⑤ 5 + 9 =
6 + 8 =
7 + 7 =
_ + _ = _
_ + _ = _
_ + _ = _

⑥ 9 + 4 =
8 + 5 =
7 + 6 =
_ + _ = _
_ + _ = _
_ + _ = _

⑦ 17 − 8 =
16 − 8 =
15 − 8 =
_ − _ = _
_ − _ = _
_ − _ = _

⑧ 12 − 4 =
13 − 5 =
14 − 6 =
_ − _ = _
_ − _ = _
_ − _ = _

⑨

Das weiß ich schon: 12 €   6 €   20

Das will ich wissen:

So finde ich das heraus:

Das weiß ich jetzt:

Uhrzeiten

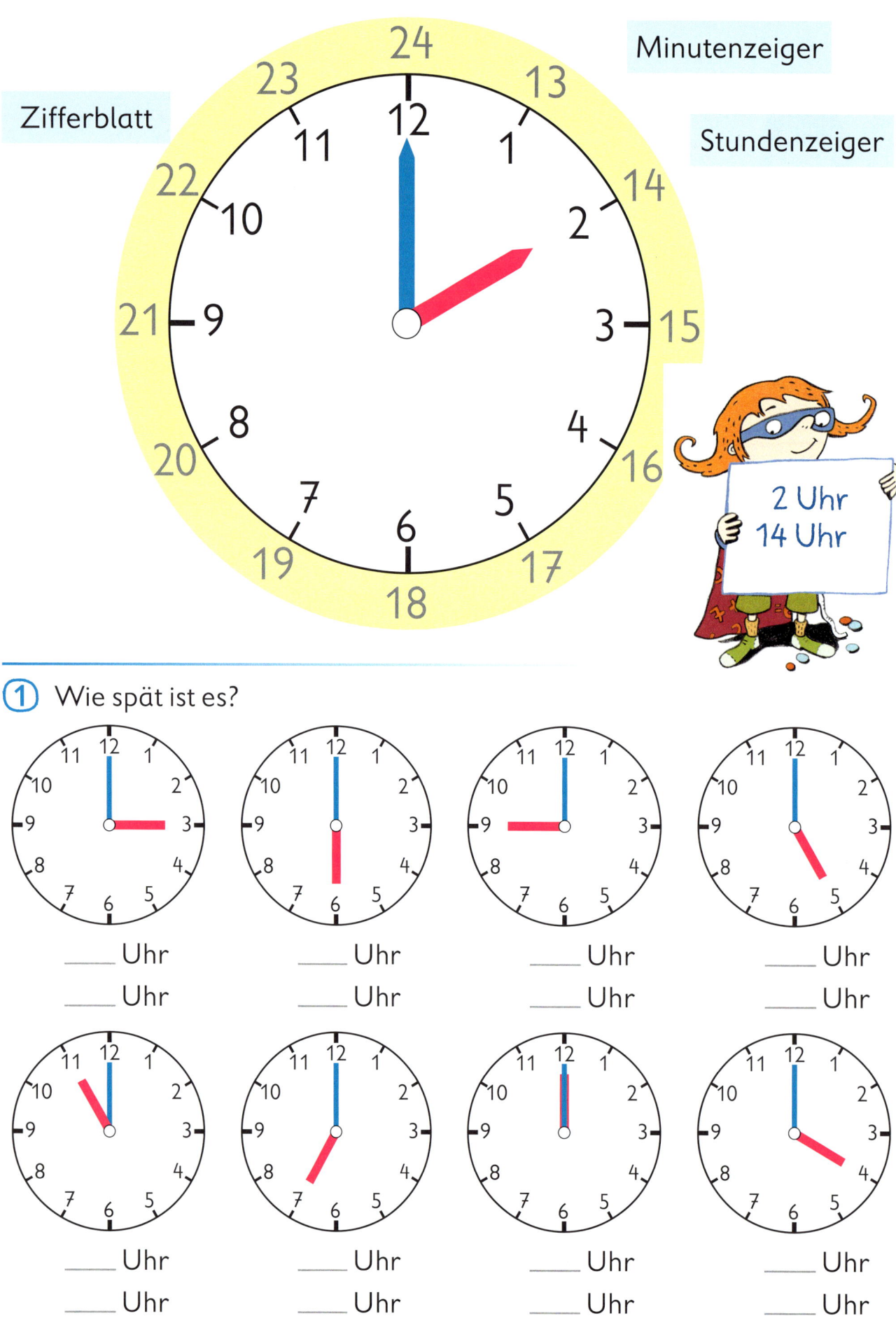

① Wie spät ist es?

___ Uhr
___ Uhr

___ Uhr
___ Uhr

___ Uhr
___ Uhr

___ Uhr
___ Uhr

___ Uhr
___ Uhr

___ Uhr
___ Uhr

___ Uhr
___ Uhr

___ Uhr
___ Uhr

② Verbinde.

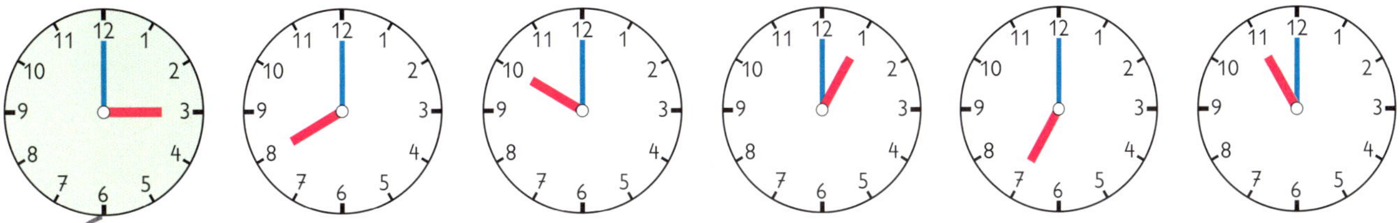

8 Uhr | 13 Uhr | 22 Uhr | 11 Uhr

3 Uhr | 12 Uhr | 17 Uhr | 6 Uhr | 4 Uhr

21 Uhr | 14 Uhr | 19 Uhr

③ Die Uhr einstellen. Zeichne die Zeiger ein.

2 Uhr | 12 Uhr | 8 Uhr | 6 Uhr

10 Uhr | 17 Uhr | 20 Uhr | 19 Uhr

2 Ablesen der vollen Stunden, dabei Vormittags- und Nachmittagszeiten beachten.
3 Zeigerstellungen einzeichnen.
E▸61 AH▸70 A▸61

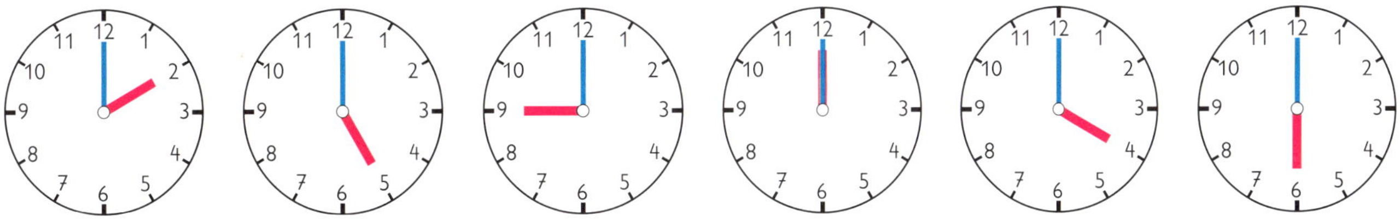

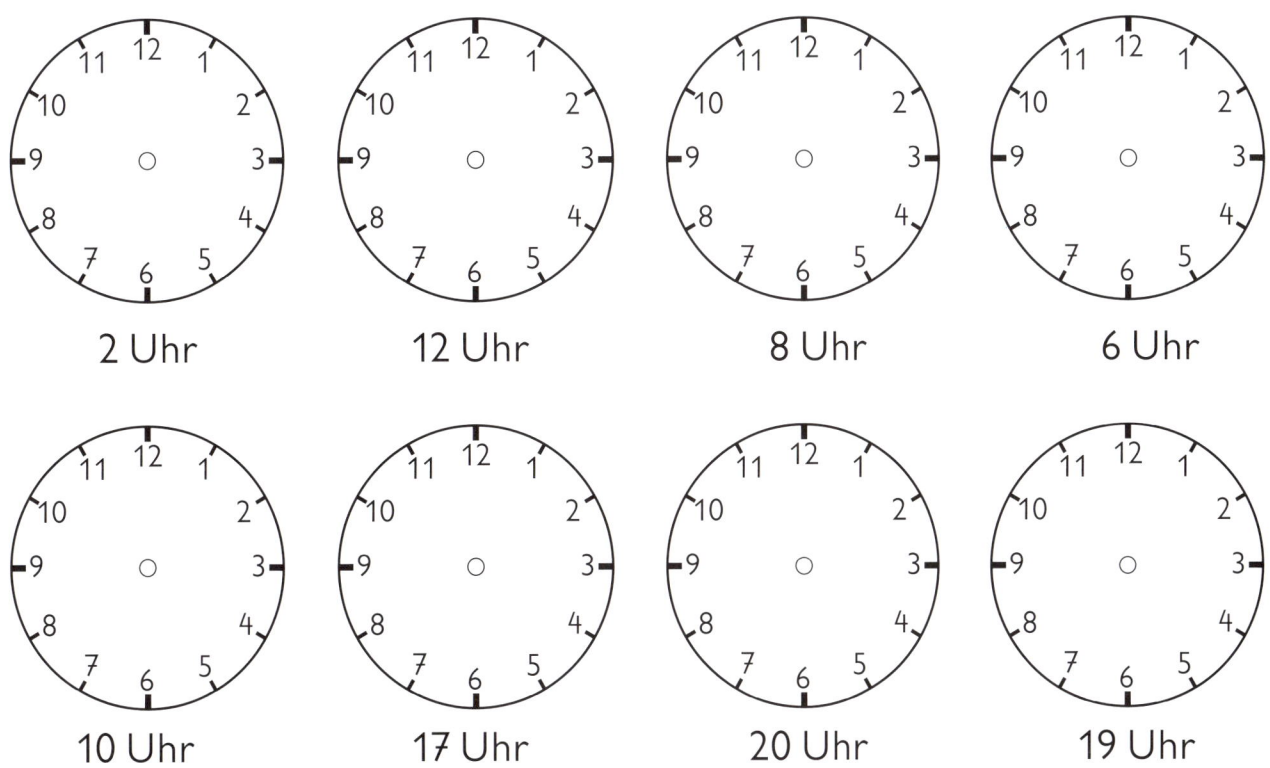

24 Stunden

①

___ Uhr

___ Uhr

___ Uhr

___ Uhr

Schätzen, zählen, notieren

①

Walnüsse	Maronen	Haselnüsse
Ich schätze ___ .	Ich schätze ___ .	Ich schätze ___ .
Ich zähle ___ .	Ich zähle ___ .	Ich zähle ___ .

Zehner	Einer		Zehner	Einer		Zehner	Einer

Hunderterfeld

① Was kannst du entdecken?

② Zeige auch:
30, 20, 50, 60, 80, 90, 70, 100

1 Entdeckungen am Hunderterfeld machen, beschreiben.
2 Die Zehnerzahlen im Hunderterfeld zeigen.

③ Wie viele? Schreibe auf.

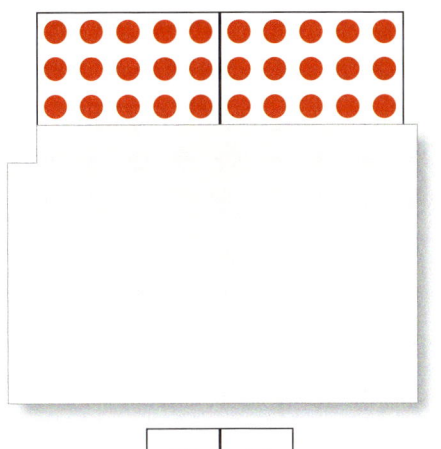
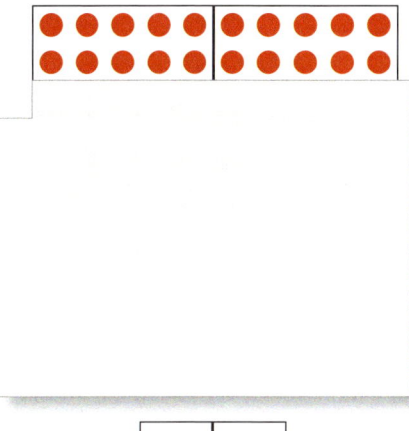

Z	E

Z	E

Z	E

④ Wie viele? Schreibe auf.

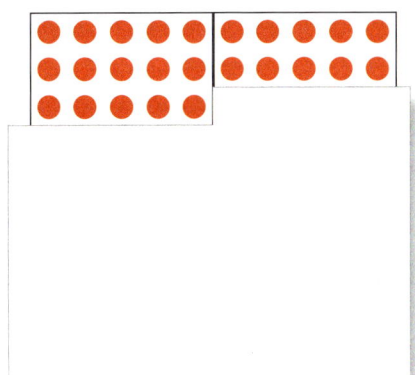
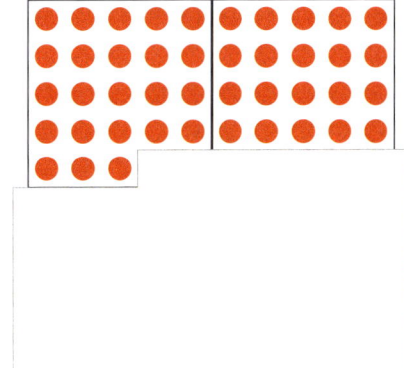
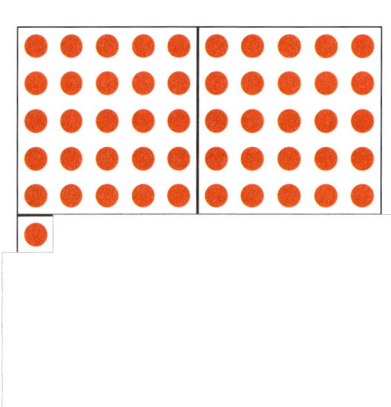

Z	E

Z	E

Z	E

⑤ Zahlenhäuser

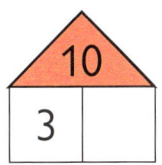 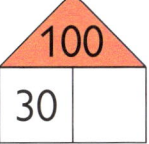   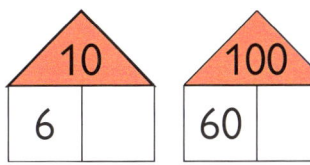   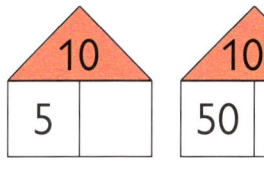

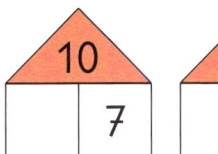 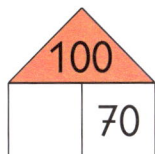   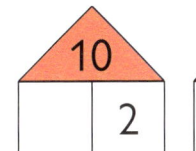

3–4 Die dargestellte Zahl in der Stellentafel notieren.
5 Zerlegung der 10 bzw. 100 in den Zahlenhäusern notieren (Analogie).
AH▶73

Rechnen mit Cent

100 ct = 1 €

① Immer 1 €. Lege und male mit 50, 20 und 10.

② Wie viel? Rechne.

20 ct +   ct +   ct   ct +   ct +   ct   ct +   ct +   ct
=   ct   =   ct   +   ct =   ct

③ Deine Aufgaben. Male und rechne.

=   ct

Beim Bäcker

Toni

① Toni kauft:

Toni rechnet:

60 ct + ____ ct
= ____ ct

Toni bezahlt: 50 ct, 20 ct, ⚪

② Isa kauft:

Isa rechnet:

____ ct + ____ ct
= ____ ct

Isa bezahlt:

③ Noah kauft: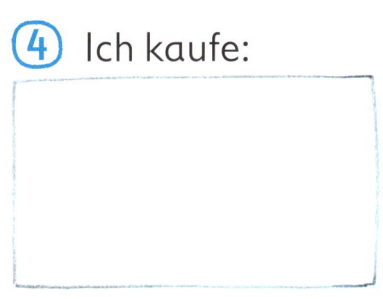

Noah rechnet:

____ ct + ____ ct + ____ ct
= ____ ct

Noah bezahlt:

④ Ich kaufe:

Ich rechne:

_____
= ____ ct

Ich bezahle:

⑤ Super M kauft:

Super M rechnet:

_____
= ____ ct

Super M bezahlt:

Fü: Sachunterricht / Einkaufssituation und Umgang mit Geld
Super M: Was kann in der Tüte sein?

Rechenspiele und Knobeleien

① Triff die 15!

☐ + ☐ + ☐ = 15   ☐ + ☐ + ☐ = 15

② Zauberquadrat
Schreibe und rechne alle Aufgaben.

6	1	8
7	5	3
2	9	4

Die Summe ist immer ____.

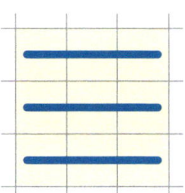

6 + 1 + 8 =
7 + 5 + 3 =
2 + ☐ + ☐ =

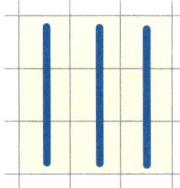

6 + 7 + 2 =
1 + ☐ + ☐ =
8 + ☐ + ☐ =

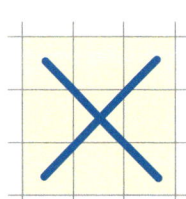

6 + 5 + 4 =
8 + ☐ + ☐ =

③ Auch ein Zauberquadrat? Überprüfe.

8	3	4
1	5	9
6	7	2

④ Zusammen immer 10
Markiere mit einem roten Stift.

$1 + 2 + 3 + 4 =$ ___

⑤ Wie oft hast du die Muster gefunden? Trage ein.

⑥ Die Zeichen stehen für Zahlen. Fülle die Tabelle aus.

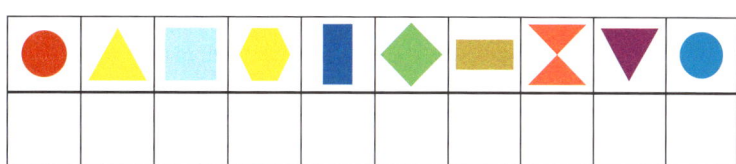

Herausgegeben von: Ursula Manten, Reinhard Forthaus

Erarbeitet von: Ulrike Braun, Reinhard Forthaus, Ursula Manten, Ariane Ranft, Gabi Viseneber, Mirjam Walde

Unter Einbeziehung der Ausgabe von: Ulrike Braun, Gudrun Hütten, Ursula Manten, Christine Strauß-Ehret, Gabi Viseneber

Redaktion: Jens-Uwe Mertens

Illustrationen: Martina Leykamm, Dorothee Mahnkopf (Super M)

Grafik: Christine Wächter, Christian Görke (Steckwürfel)

Layoutkonzept: hawemannundmosch

Layout und technische Umsetzung: Checkplot, Anker & Röhr

Umschlaggestaltung: Ines Schiffel

Bildnachweis: M. Lange, Berlin: 23.1–11, 94.1–4;
U. Manten, Aachen: 43.1–6, 63.1–2, 106.1–8, 108.1–6, 109.1–3, 110.1–4, 111.1–2, 128.1–9, 129.1–4

Bestandteile des Lehrwerks Super M für das 1. Schuljahr

Schülerbuch 1 mit Kartonbeilagen	978-3-06-083022-0
Arbeitsheft 1	978-3-06-083023-7
Arbeitsheft 1 mit CD-ROM	978-3-06-083410-5
Förderheft – Einstiege 1	978-3-06-083831-8
Forderheft – Aufstiege 1	978-3-06-083832-5
Handreichungen 1 für den Unterricht mit Lehrermagazin	978-3-06-083408-2
Kopiervorlagen 1 mit CD-ROM	978-3-06-083409-9

Im Paket:

Handreichungen 1 für den Unterricht mit Lehrermagazin und Kopiervorlagen 1 mit CD-ROM	978-3-06-083914-8
Arbeitsheft Rechentraining 1	978-3-06-083168-5

www.cornelsen.de

1. Auflage, 7. Druck 2021

Alle Drucke dieser Auflage sind inhaltlich unverändert
und können im Unterricht nebeneinander verwendet werden.

© 2014 Cornelsen Schulverlag GmbH, Berlin
© 2016 Cornelsen Verlag GmbH, Berlin

Das Werk und seine Teile sind urheberrechtlich geschützt. Jede Nutzung in anderen als den gesetzlich zugelassenen Fällen bedarf der vorherigen schriftlichen Einwilligung des Verlages.
Hinweis zu §§ 60a, 60b UrhG: Weder das Werk noch seine Teile dürfen ohne eine solche Einwilligung an Schulen oder in Unterrichts- und Lehrmedien (§ 60b Abs. 3 UrhG) vervielfältigt, insbesondere kopiert oder eingescannt, verbreitet oder in ein Netzwerk eingestellt oder sonst öffentlich zugänglich gemacht oder wiedergegeben werden. Dies gilt auch für Intranets von Schulen.

Druck: Firmengruppe APPL, aprinta Druck, Wemding

ISBN 978-3-06-083022-0 (Schülerbuch)
ISBN 978-3-06-083918-6 (E-Book)